AF359977

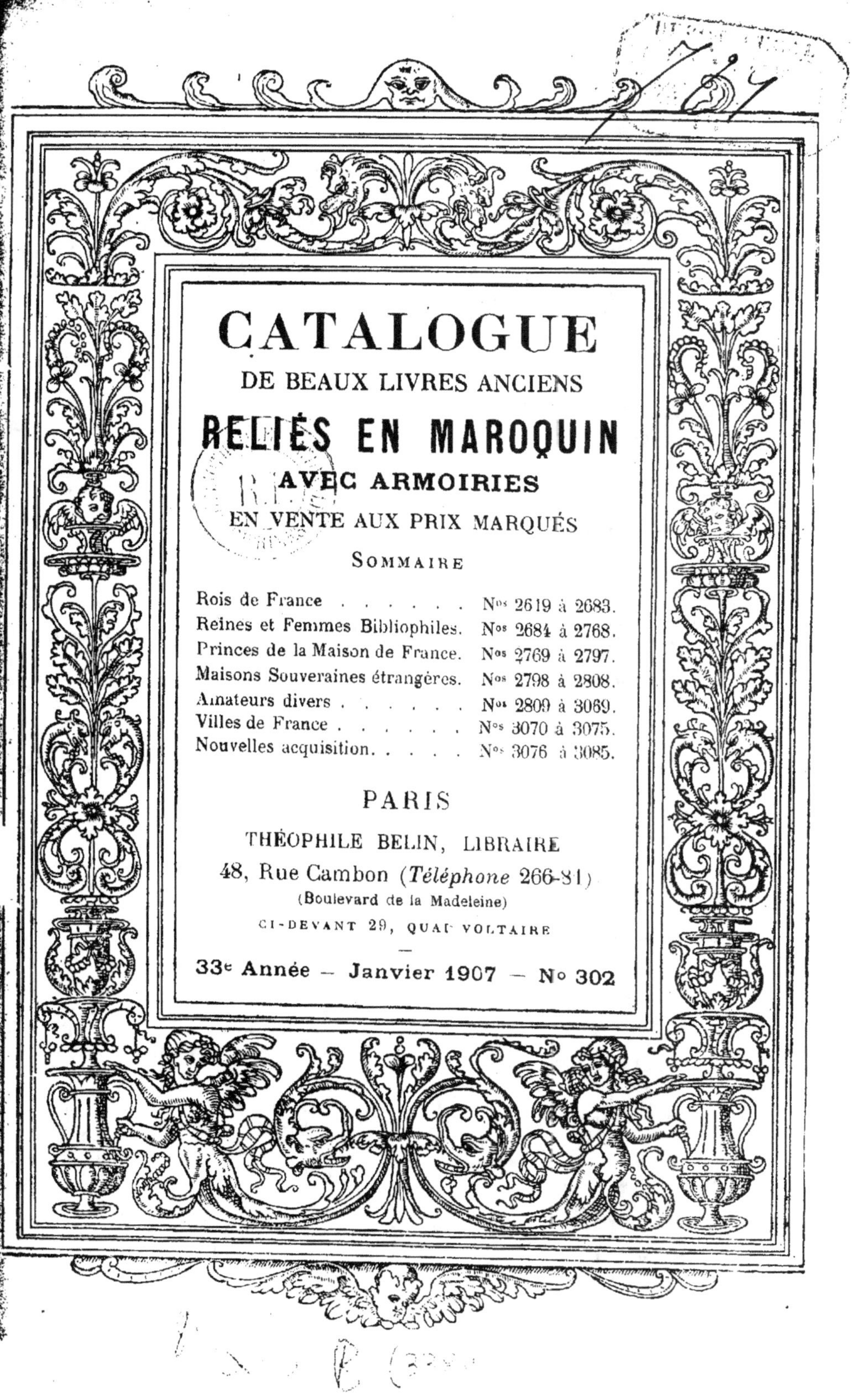

CATALOGUE

DE BEAUX LIVRES ANCIENS

RELIÉS EN MAROQUIN

AVEC ARMOIRIES

EN VENTE AUX PRIX MARQUÉS

SOMMAIRE

PARIS

THÉOPHILE BELIN, LIBRAIRE

48, Rue Cambon (*Téléphone* 266-81)

(Boulevard de la Madeleine)

CI-DEVANT 29, QUAI VOLTAIRE

33e Année — Janvier 1907 — No 302

ROIS DE FRANCE

2619. ISOCRATE scripta, quæ nunc extant, omnia per Hieronymum Vuolsium Oetingensem, summo labore et diligentia correcta, de integro conversa, utqz studiosorum usui magis accomodata essent non omnium duntaxat orationum argumentis, sed & marginum annotationibus : Latinis et Græcis eregionè collocatis. *Basileæ per Joannem Oporinum*, s. d. (1558); in-8, veau brun (*Rel. du XVIe siècle*). 400 fr.

Traduction latine estimée.
Exemplaire sur lequel est frappé en or, dans un médaillon au centre des plats, le **Portrait de Henri II**, avec l'inscription « Hen. II. R. ».

2620. PETRI BUNELLI ET PAULI MANUTII Epitsolæ ciceroniana stylo scriptæ aliorum gallorum pariter et italorum epistolæ eodem stylo scriptæ. 8 ff. lim. et 440 pp. — Chr. Longolii. Epistolæ selectæ, item P. Bembi et F. Sadoleti aliquat ad eum epistolæ. 319 pp. (*Parisis, H. Stephanus*), 1581; in-8, mar. vert, dos et plats ornés de riches compart., tr. dor. 2.500 fr.

Admirable reliure à volutes, arabesques et rinceaux de feuillages couvrant entièrement le dos et les plats, chef-d'œuvre du XVIe siècle.
Au centre de chacun des plats et sur le dos, sont frappées les ARMES DU ROI **Henri III** (de France accolé de Pologne), encadrées d'une palme de feuilles de lauriers et de chênes.
Exemplaire de dédicade dans une reliure habilement restaurée.

2621. VITARUM CAESARUM quarum autores sunt hi : Trebellius Pollio, Flavius Vopiscus, sextus Aurelius Victor, Pomponius Laetus. *Apud Seb. Gryphium, Lugd.*, 1562; in-16, veau brun, filets et arabesques, coins dorés et mosaïqués de noir, semis de fleurs, dos orné, tr. dor. et ciselée. 1.000 fr.

Curieuse reliure portant sur le premier plat à froid, les armes de **Henri de Valois** alors duc d'Anjou, qui fut plus tard **Henri III** ; sur le second plat, également à froid un médaillon allégorique

représentant une colonne à laquelle sont suspendus une couronne, un sceptre, et à laquelle sont attachés un Loup, un Ours et un Bouc. Le médaillon est entouré de la devise : *Qui Regit Haec Regnat*, avec la date 1562.

2622. PLUTARQUE. Les Œuvres morales et meslées de Plutarque translatées de Grec en Français, par Amyot ; 6 vol. — Table de tous les opuscules de Plutarque. *A Paris, par Vascosan*, 1574 ; Ensemble 7 vol. in-8, mar. vert, riches compart., tr. dor. 12.000 fr.

C'est une de ces admirables reliures à volutes et rinceaux de feuillages, chefs-d'œuvre de dorure de la fin du XVIe siècle, que l'on croit être de Nicolas Eve, père de Clovis Eve.
Ce curieux exemplaire présente cette particularité curieuse que, tout en conservant dans l'ensemble l'aspect général de la reliure, chaque volume diffère par le dessin des ornements.
Aux armes du Roi **Charles IX**.
La reliure du tome II est différente et sans armoiries.

2623. L'APOCALYPSE SAINCT JEHAN ZEBEDÉ ou sont comprinses les visions et révélations que icelluy sainct Jehan eut en l'ysle de Pathmos ; le tout ordonne par figures convenables selon le texte de la Sainte Escripture. Ensemble les cruaultez de Domicien Cesar, 1541. (A la fin :) *Et fut achevé ledit livre d'imprimer le xxviie jour de Mai 1541, pour Arnoul et Charles les Angeliers frères* ; infol. goth., à 2 col., fig. sur bois, mar. bleu, dos, orné, fil., compart., coins et milieux, dorure à petits fers, tr. dor. 10.000 fr.

Le titre de ce précieux volume est entouré par un très bel encadrement gravé sur bois, et de charmantes petites figures également sur bois d'un style aussi élegant que parfait illustrent le texte.
SUPERBE EXEMPLAIRE réglé, orné d'une TRÈS RICHE ET TRÈS ÉLÉGANTE RELIURE, A COMPARTIMENTS portant sur les plats les chiffres couronnés du Roi **Louis XIII** et de la reine **Anne d'Autriche**.
Vendu 10.000 francs à la vente Beckford.

2624. RICHELIEU (Cardinal de). Les principaux points de la foy catholique defendus contre l'escrit des ministres. de Charenton. *Paris, Imp. royale*, 1642 ; in-fol., front., mar. citron, dos orn, fil., tr. dor. 180 fr.

Bel exemplaire aux armes du Roi **Louis XIII.**

2625. BEAULIEU. Plans et cartes des villes d'Artois. *Paris, chez l'auteur* (vers 1700) ; in 8, oblong, mar. brun, dos orné, dent., semis de fleurs de lys couvrant les plats, tr. dor. 600 fr.

Partie d'un ouvrage connu sous le titre « *Les glorieuses conquestes de Louis le Grand* » ; elle renferme 1 titre gravé. 2 ff. de dédicace imp.,1 f. de table grav., Armes 1 f. gravé, 29 vues, 22 plans et 24 cartes gravés.
JOLIE RELIURE de toute fraicheur aux armes du Roi **Louis XIV.**

2626. CABINET DU ROY. Tableaux (36) du Cabinet du Roy. — Statues et bustes antiques (61) des maisons royales. Tome premier. *Paris, Imp. Royale,* 1677 ; in-fol., mar. rouge, dos orn., doubl. enc. de fil., tr. dor. 500 fr.

Cet exemplaire contient 97 planches et le texte des deux parties en pagination suivie. La planche de la Sainte Famille grav. par *Edelinck* est du DEUXIÈME ÉTAT, avec la lettre avant l'écusson.
Aux armes et au chiffre du Roi **Louis XIV.**

2627. CABINET DU ROY. Tableaux du Cabinet du Roy. (*Imp. Royale,* 1677) ; in-fol., mar. rouge, dos orn., doubl. encad. de fil., tr. dor. 500 fr.

Réunion de 36 planches sans texte, dans une reliure très fraiche. Aux armes et au chiffre du Roi **Louis XIV.**

2628. CONFUCIUS sinarum philosophus. sive scientia sinensis latine exposita. studio et opera P. P. Soc. Jesu (Prop. Intorcetta, Christ. Herdtrich, Fr. Rougemont et Phil. Couplet). *Parisiis, Hortemels,* 1687 ; in-fol., fig. et carte. mar. rouge, dos orné, fil., tr. dor. 150 fr.

Bonne édition de cet ouvrage nommé en chinois *Ta-hio.*
Aux armes et au chiffre du Roi **Louis XIV.**

2629. DÉLIBÉRATION de l'assemblée des cardinaux, archevêques et évêques tenue à Paris en l'année 1713 et 1714, sur l'acceptation de la constitution en forme de bulle de N. S. P. le pape Clément XI. Portant condamnation... d'un livre intitulé le Nouveau Testament en Français 1699. *Paris,* 1714 ; in-4, mar. rouge, dos orné, fil., tr. dor. 100 fr.

Aux armes du Roi **Louis XIV.**

2630. FÉLIBIEN (André). Description de la Grotte de Versailles (par André Félibien). *Paris, Imp. Royale,* 1679 ; in-fol., pl., mar. rouge, dos orn., double encad. de fil., chiffre sur le dos et aux angles des plats, tr. dor. 350 fr.

Ouvrage contenant 20 planches gravées par *Lepautre, Chauveau, Goyton, Picard et Edelinck.*
Très bel exemplaire aux armes du Roi **Louis XIV.**

2631. FÉLIBIEN (Fr.). Description de l'église royale des Invalides (par J. Fr. Félibien). *Paris, (Imp. de Jacques Quillau),* 1706 ; in-fol., mar. rouge, dos orn., fil., tr. dor. 250 fr.

Ouvrage orné d'une vue générale des Invalides, d'un plan, d'un fleuron, de 14 vignettes en tête. de 14 culs-de-lampe, de 14 lettres initiales avec ornements ou vues pittoresques, gravés.
Le texte est orné d'un joli encadrement gravé, varié à chaque page.
Aux armes du Roi **Louis XIV.**

2632. INVALIDES. Plans, élévations, vues, coupes et profils de l'église de l'hostel royal des Invalides. *Paris, impr. Royale;* in-fol. mar. rouge, dos orn., fil à la Du Seuil. 200 fr.

13 planches gravées.
Aux armes et au chiffre du Roi **Louis XIV.**

2633. LE PRÉVOST (l'abbé). Oraison funèbre de Guillaume-Egon de Furstemberg, cardinal évesque et prince de Strasbourg. *Paris Vve de Simon Bénard,* 1705 ; in-4, mar. noir, dos orné, fil. 100 fr.

Exemplaire en GRAND PAPIER aux armes du Roi **Louis XIV**

Et de Eivres anciens et modernes

2634. GAUFRIDI (J.-Fr. de). Histoire de Provence. *Aix, David,* 1694; 2 vol. in-fol., veau.   **45 fr.**

Beau portrait de l'auteur par *Cundier.* En tête de chacun des 15 livres dont se compose ce remarquable ouvrage se trouve une jolie vignette gravée représentant un événement historique. Chaque chapitre commence par une lettrine gravée.

Aux armes du Roi **Louis XIV.**

2635. MELANI. Mémoires de l'abbé Melani sur un projet de Paix proposé à la France de la part de l'Empereur (d'Autriche) par l'entremise du duc d'Hannouer, en 1692, avec plusieurs lettres qui regardent cette négociation ; gr. in-4, mar. rouge, dos orn., fil., chiffres sur le dos et les plats, tr. dor.   **500 fr.**

Manuscrit inédit de 2 ff. lim. et 300 pp. contenant entre autres l'Etat de l'Europe en 1692. — Mémoire du chancelier Strateman sur l'ouverture de la paix avec la France, 24 novembre 1692. — Manifeste des offres faites par Sa Majesté très chrétienne a Sa Majesté Impériale pour la conclusion de la paix, après la prise d'Haydelberg. — Malignité des ministres du Roy de Suède. — Mémoire présenté au Roy Guillaume, prince d'Orange, par le sieur Scheel, envoyé du roy de Danemarck, décembre 1693. — Abrégé de la suite de cette négociation. — Manifeste de Guillaume III, roy d'Angleterre, pour servir d'ouverture à la paix publique de l'année 1693. — Epitaphe de Guillaume III, etc., etc.

Les principaux personnages dont ce recueil reproduit les correspondances sont le Mis de Pomponne, le Cte Ballati, le Mis d'Ogliani, M. de Croissy, l'abbé Melani, etc. Ces lettres sont datées de 1692, 1693 et 1694.

Aux armes du Roi **Louis XIV.**

2636. MELANI. Réunion, de lettres, faite par l'abbé Melani. — Ristretto d'Alcuni Negoziati fatti dall' abate atto Melani nelle corti di Baviera, di Francia, e in quellia di Roma Cavati dalle sue memorie. LIBRO PRIMO. — Continuazione de Negoziati delle Promozione dell' Arcivescovo di Tolosa e del Vescovo di Laôn. Azione memorabile di questo : e principio d'amarezze tral Cardinal Altieri. E lui, accresciute per la morte del signor di Lione. LIBRO SECONDO. — Ensemble 2 vol. pet. in-fol. mar. rouge, doubl. encad. de fil. à la Duseuil, dos fleurdelisés, chiffres sur le dos et aux angles des plats, tr. dor.   **500 fr.**

Importante réunion des correspondances échangées entre Rome et la France.

Les personnages dont il est le plus sou-vent parlé sont : Louis XIV, l'Electrice et l'Electeur de Bavière, le duc de Chaulnes, de Lionne, Pomponne, Louvois, les cardinaux Mazarin, d'Estrées, Cybo, Litta, Altieri, Barberni, Rospigliosi, etc.

Les lettres des personnages français sont accompagnées de leur traduction en italien.

On remarque : Memoire presenté au Roy le 13 octobre 1676, sur la creation du Pape Innocent XI, et la conduite que S. M. pouvoit tenir dans le commencement de ce pontificat.

Aux armes du Roi **Louis XIV.**

2637. MOTETS ET ÉLÉVATIONS pour la chapelle du Roy (par Robert, Lully et de Lalande) imprimez par ordre de Sa Majesté, quartier d'avril, mai et juin 1706. *A Paris, de l'imp. de Ch. Ballard,* 1706 ; in-4, mar. bleu, dos orné et chiffré, fil., tr. dor.   **250 fr.**

Exemplaire réglé aux armes du Roi **Louis XIV.**

2638. NILUS (S. P. N.). Epistolæ, in quibus controversiarum hodie flagrantium luculenta extant præjudicia. Opera et studio Petri Possini. *Parisiis, typ. regia,* 1657 ; in-4, mar. rouge, dos orné, fil., tr. dor,   **150 fr.**

Première édition de ce livre rare avec le texte grec et latin.

Très bel exemplaire aux armes et au chiffre du Roi **Louis XIV.**

2639. ORDRE DU SAINT-ESPRIT. Statuts et catalogue des chevaliers de l'Ordre du St-Esprit depuis leur institution jusqu'à présent avec leurs noms, surnoms, qualitez et postérité. *S. l. n. d.* (1711) ; in-fol., mar. rouge, dos orn. de langues de feu et de fleurs de lys, dent., symbole du Saint-Esprit aux angles, tr. dor.   **600 fr.**

Jolie reliure aux armes du Roi **Louis XIV.**

2640. PHILOMATI musae juvenilis. Editio novissima prioporibus auctior et emandatior. *Parisiis,* 1656 ; in-fol., mar. rouge, dos orn., large dent., tr. dor.   **250 fr.**

Jolie reliure ornée de la DENTELLE DITE DU LOUVRE.

Aux armes du Roi **Louis XIV.**

2641. RECUEIL de plusieurs traitez de mathématique de l'académie royale des sciences. *Paris, imp.*

Royale, 1676 ; gr. in-fol., front., mar. rouge, fil. à comp., dent., tr. dor. 300 fr.

Recueil contenant : Résolution des quatre principaux problèmes d'architecture par Blondel ; Mesure de la terre par Picard ; Traité de la percussion ou choc des corps par M. Mariotte ; Lettres écrites par Mariotte, Pecquet et Perrault, sur le sujet d'une nouvelle méthode découverte touchant la vue faite par M. Mariotti ; Traité du nivellement par Mariotti ; Traité des triangles, rectangles par Frenicle.

Nombreuses planches, vignettes et culs-de-lampe.

Aux armes du Roi **Louis XIV.**

2642. SILHON (de). Esclaircissement de quelques difficultez touchant l'administration du cardinal Mazarin. *Paris, imp. Royale*, 1650 ; pet. in-fol., mar. rouge, dos orn., fil., tr. dor. 200 fr.

Bel exemplaire aux armes du Roi **Louis XIV.**

2643. TASSE. Il Goffredo overo. La Gierusalemme liberata di Torquato Tasso. *In Parigi, Stamperia reale*, 1644 ; in-fol., mar. rouge, dos orn. et fleurdelisé, fil., tr. dor. 300 fr.

Edition ornée d'un titre-frontispice et de nombreux en-têtes, culs-de-lampe et lettres majuscules gravés.

Bel exemplaire en GRAND PAPIER aux armes du Roi **Louis XIV.**

2644. VERSAILLES. Vues du château de Versailles. *Paris*, 1664-1689 ; in-fol., pl., veau marbr., fil., tr. dor. 250 fr.

18 vues et plans divers relatifs au château de Versailles par *Israël Silvestre, Mansart* et *Lapointe.*

On a relié à la suite : *Le Grand Escalier de Versailles*, titre gravé et 8 pl. détails du plafond peint par *Le Brun.*

Aux armes du Roi **Louis XIV.**

2645. ALEAUME (Abbé). Les quatre parties du jour, poème en vers libres, imité de l'allemand de M. Zacharie. *Paris, Le Prieur,* 1773 ; in-8, veau marbré, dos orné, fil., fleurs de lys aux angles, tr. dor. 40 fr.

Ouvrage illustré d'un frontispice, de 4 fig., 4 vign. et 4 culs-de-lampe d'*Eisen*, grav. par *Baquoy*, les mêmes que pour le poème de Zacharie.

Aux armes du Roi **Louis XV.**

2646. ANTIQUITÉS ESTRUSQUES, grecques et romaines, tirées du cabinet de M. Hamilton (par P.-F. Hugues dit d'Hancarville), en anglais et en français. *Naples*, 1766-1767 ; 4 vol. gr. in-fol., mar. rouge, dos orn., fil., fleurons d'angles, tr. dor. (*Pasdeloup*). 3.000 fr.

Ouvrage précieux exécuté avec beaucoup de luxe contenant 437 planches en couleurs et en noir.

Très bel exemplaire aux armes du Roi **Louis XV.**

2647. DISCOURS PHILOSOPHIQUES, tirés des livres saints. Avec des odes chrétiennes et philosophiques (par P.-J. Le Franc de Pompignan). *Paris, Saillant et Nyon,* 1771 ; in-12, mar. noir, dos orn. à la grotesque, fil., tr. dor. 60 fr.

Bel exemplaire aux armes du Roi **Louis XV.**

2648. FÉNELON. Œuvres. *Amsterdam et Paris*, 1698-1725 ; 12 vol. in-12, veau, dos orn., fil. 100 fr.

Au chiffre couronné du Roi **Louis XV**, sur le dos de la reliure.

2649. IMITATIONE CHRISTI (De) lib. quator... Ex recensione Josephi Valart. *Parisiis, J. Barbou*, 1758 ; in-12, mar. vert, dos orn., fil., tr. 40 fr.

Aux armes du Roi **Louis XV.**

2650. MERCURE DE FRANCE. Volumes divers des années 1763 et 1768 ; in-12, mar. rouge, dos orn., fil., fleurs de lys sur le dos et aux angles des plats, gardes de papier à ramages d'or, tr. dor. Chaque volume. 150 fr.

Aux armes du Roi **Louis XV.**

2651. MERCURE DE FRANCE. Volumes divers des années 1768 à 1773 ; in-12, mar. rouge, dos orn., fil., tr. dor. Chaque volume. 50 fr.

Aux armes du Roi **Louis XV.**

2652. MONTESQUIEU. Considérations sur les causes et la grandeur des Romains et de leur décadence. Nouvelle édition, revue, corrigée et augmentée par l'auteur, à laquelle on a joint un dialogue de Sylla et d'Eucrate. *Paris, Huart et Moreau,* 1748 ; in-12, mar. rouge, dos orn., fil., tr. dor. 100 fr.

Edition ornée d'un frontispice par *Eisen* gravé par *Delafosse*, 1 fleuron sur le titre et 1 vignette par *Eisen*, gravés par *De Longueil.*

Au chiffre du Roi **Louis XV** sur les plats.

Et de Livres anciens et modernes

2653. NOUVELLE méthode pour apprendre facilement la langue latine (par Cl. Lancelot, Ant. Arnaud et Pierre Nicole). Avec un traité de la poésie latine et une brève instruction sur les règles de la poésie françoise. Onzième édition. *Paris, Vve Delaulne*, 1736; in-8, mar. rouge, dos orn., fil., tr. dor. 100 fr.

Aux armes du Roi **Louis XV**.

2654. OFFICE de la Semaine sainte à l'usage de Rome et de Paris, avec des explications par l'abbé de Bellegarde. *Paris, J. Collombat, 1732*; in-8 réglé, mar. rouge, dos orn. et plats entièrement ornés, tr. dor. 150 fr.

Frontispice, titre et 2 fig. de *Humblot*, grav. par *Scotin*.

Aux armes du Roi **Louis XV**.

2655. OFFICE de la Semaine sainte, à l'usage de la maison du roy... par M. l'abbé de Bellegarde. *Paris, Collombat, 1741*; in-8, mar. rouge, dos orn., plats entièrement orné. de dent. et d'entrelacs de fil., tr. dor. 200 fr.

Reliure fraîche aux armes du Roi **Louis XV**.

2656. OFFICE de la Semaine Sainte, à l'usage de la Maison du Roy, par M. l'abbé de Bellegarde. *Paris, J.-F. Colombat, 1748*; in-8, titre-front. et fig grav. par Scotin d'après Humblot, mar. rouge, dos orn. et fleurdelisé, large dent., entrelacs et comp. de dent. couv. les plats, tr. dor. 250 fr.

Jolie reliure très fraîche aux armes du Roi **Louis XV**.

2657. ORDRE DU SAINT-ESPRIT. Les Statuts de l'Ordre du St Esprit, estably par Henri IIIe du nom, roy de France et de Pologne, au mois de Décembre l'an 1578. *De l'Imprimerie Royale*, 1724; in-4 réglé, mar. rouge, dos orné de langues de feu et de fleurs de lys, dent., symbole du Saint-Esprit aux angles, ga..des de papier étoilé d'or, tr. dor. 400 fr.

Bel exemplaire aux armes du Roi **Louis XV**.

2658. ORDRE DU SAINT-ESPRIT. Statuts et catalogues des chevaliers, commandeurs et officiers de l'ordre du Saint-Esprit, avec leurs noms, qualités et postérité, depuis l'institution jusqu'à présent, 1733; in-fol., veau brun, dos orn. 80 fr.

Promotion de 1578 à 1731. On y a ajouté 4 feuillets manuscrits contenant les promotions de 1733 à 1749 et à la fin du volume un autre feuillet manuscrit contenant des *additions*

Nombreux blasons gravés sur bois.

Aux armes du Roi **Louis XV**.

2659. ORDRE DU SAINT-ESPRIT. Statuts de l'Ordre du Saint-Esprit, establys par Henri IIIe du nom, roy de France et de Pologne, au mois de décembre l'an 1578. *De l'Imprimerie Royale*, 1740; in-4, mar. rouge, dos orné de langues de feu et de fleurs de lys, dent., symbole du Saint-Esprit aux angles, gardes de papier à ramages d'or, tr. dor. 400 fr.

Bel exemplaire aux armes du Roi **Louis XV**.

2660. RAPIN DE TOYRAS. Histoire d'Angleterre. *La Haye, A. de Rogissart*, 1727-1728 ; 10 vol. in-4, mar. rouge, dos orn. et chiffré. fil. 200 fr.

Orné de portraits, cartes, tableaux généalogiques et 1 front. gravés

Aux armes du Roi **Louis XV**.

2661. RELATION DE L'ARRIVÉE DU ROI AU HAVRE DE-GRACE, le 19 septembre 1749, et des fêtes qui se sont données à cette occasion. *Paris, H. L. Guérin et L. F. Delatour*, 1753 ; in-fol., pl., mar. rouge, dos orn., dent., tr. dor. 800 fr.

Ce beau livre représentant les principales fêtes offertes au Roi, dans son voyage au Hâvre après la paix d'Aix-la-Chapelle, est orné de 6 planches dessinées par *Descamps*, gravées par *Le Bas*, de 2 grandes vignettes en-têtes et d'un fleuron répété deux fois.

Bel exemplaire aux armes du Roi **Louis XV**.

2662. REPRÉSENTATION des Fêtes données par la ville de Strasbourg pour la convalescence du Roi, à l'arrivée et pendant le séjour de Sa Majesté en cette ville. Inventé, dessiné et dirigé par J. M. Weiss, graveur de la ville de Strasbourg. *Imprimé par Laurent Aubert, à Paris, s. d.* (1745) ; in-fol., port. et fig, veau marbr. (*Rel. fatiguée*). 300 fr.

Titre gravé par *Marvie*, portrait de Louis XV gravé par *Wille*, d'après *Purrocel*, 11 pl. gravées par *Weiss* et *Le Bas*, d'après *Weiss* ; 10 ff. de texte gravé, avec encadrements différents, une grande vignette en-tête et une vignette cul-de-lampe dessinées par *Weiss*, gravées par *Marvie*.

Aux armes du Roi **Louis XV**.

2663. ROLLIN. Histoire Romaine depuis la fondation de Rome jusqu'à la bataille d'Actium. *Paris, Vve Estienne et fils,* 1748 ; 16 vol. in-12, mar. rouge, dos orn., fil., tr. dor. 300 fr.

Aux armes du Roi **Louis XV.**

2664. SACRE DE LOUIS XV (Le), Roy de France et de Navarre, dans l'église de Reims, le dimanche xxv octobre 1722. (Avec texte par Donchet). *S. l. n. d. (Paris,* 1722) ; in-fol. max., mar. vert foncé, dos orné, large dent., fleurs de lys aux angles, tr. dor. 1.200 fr.

Magnifique ouvrage, entièrement gravé, illustré de 9 grandes planches doubles par *Cochin, Larmessin, Tardieu* et *Dupuis ;* et de 63 estampes représentant les costumes du roi et des grands dignitaires de la couronne. Chacun des feuillets du texte est entouré par une délicate bordure.
Très belle reliure de *Pasdeloup* aux armes du Roi **Louis XV.**

2665. AUSTRIBORBONIDE. Owero Fasti d'Europa. Parte I. (A la fin) : *In Modena, per Giovanni Montanari,* 1770 ; in-4, front. et fig. mar., rouge, dos orn., très large dent., tr. dor. 450 fr.

Frontispice, titre, et arbre généalogique de *Borghi,* gravé par *Monaldi.*
MAGNIFIQUE RELIURE, avec très large dentelle.
Exemplaire auquel on a ajouté un portrait du Dauphin gravé par *Gaucher* d'après *Gauthier.*
Aux armes de **Louis XVI,** alors qu'il était **Dauphin.**

2666. BUCHOZ. Dictionnaire vétérinaire et des animaux domestiques, contenant leurs mœurs, leurs caractères, leurs descriptions anatomiques, la manière de les nourrir, de les élever et de les gouverner, etc. *Paris, J.-P. Costard,* 1770 ; 6 vol. pet. in-8, mar. vert, dos orné, fil., tr. dor. 250 fr.

Nombreuses et jolies figures gravées par *Fessard.*
Aux armes du Roi **Louis XVI.**

2667. LUBERSAC (l'abbé de). Discours sur les Monumens publics de tous les âges et de tous les peuples connus, suivi d'une description de monument projeté à la gloire de Louis XVI et de la France. *Paris, Impr. royale,* 1775 ; in-fol., veau marbré. 20 fr.

Frontispice dessiné par *Monnet* et gravé par *Masquelier,* et 2 planches doubles représentant le monument de Louis XVI, d'après *Touzé,* gravées par *Masquelier.*
Aux armes du Roi **Louis XVI.**

2668. MERCURE DE FRANCE Volumes divers des années 1778 à 1782 ; in-12, mar. rouge, dos orn., fil., fleurs de lys aux dos et aux angles des plats, doubl. et gardes de soie bleue, tr. dor. Chaque vol. 150 fr.

Aux armes du Roi **Louis XVI.**

2669. MERCURE DE FRANCE. Volumes divers des années 1775 à 1778 ; in-12, mar. rouge, dos orn., fil., tr. dor. Chaque volume. 50 fr.

Aux armes du Roi **Louis XVI.**

2670. SACRE ET COURONNEMENT DE LOUIS XVI, roi de France et de Navarre, à Rheims, le 11 juin 1775 (par l'abbé Pichon), précédés de recherches sur le sacre des rois de France depuis Clovis jusqu'à Louis XVI (par Gobet), enrichi d'un très grand nombre de figures en taille-douce gravées par le sieur Patas, avec leurs explications. *Paris, chez Vente et chez Patas,* 1775 ; in-4, mar. vert, dos et coins fleurdelisés, fil., tr. dor. 300 fr.

Magnifique ouvrage orné d'un titre gravé, 1 frontispice, 14 jolies vignettes, 48 figures (dont plusieurs doubles pour les cérémonies du sacre) et 1 plan de Reims.
Exemplaire sur PAPIER DE HOLLANDE, aux armes du Roi **Louis XVI.**
Mouillures aux premières pages.

2671. GUILLARD (N.-F.). Electre, tragédie, en trois actes (par Nicolas-François Guillard), représentée pour la première fois par l'Académie royale de musique, le mardi 2 juillet 1782. *Paris, P. de Lormel,* 1782 ; in-4, mar. vert, dentelle fleurdel., dos fleurdel., doublé de moire bleue, tr. dor. 150 fr.

Aux armes du **Comte de Provence.**

2672. NAPOLÉON. Recueil d'articles insérés dans le correspondant de Hambourg pendant les Cent Jours de l'usurpation, avec le texte français (par L.-A. Fauvelet de Bourrienne). *Hamburg,* 1816 ; in-8, mar. rouge à longs grains, dos orné, large dent., dent. int., tr. dor. 100 fr.

Ces articles sont au nombre de seize et accompagnés d'un avis de l'éditeur.
Bel exemplaire aux armes du Roi **Louis XVIII.**

2673. SABBATHIER. Dictionnaire pour l'intelligence des Auteurs Classiques, grecs et latins, tant sacrés que profanes, contenant la Géographie, l'Histoire, la Fable et les Antiquités. Dédié à Monseigneur le Duc de Choiseul, par M. Sabbathier (Tomes I à VI. A à Bethzecha). *A Chalons-sur-Marne, chez Seneuze, et à Paris, chez Delalain*, 1766-1769 ; 6 vol. in-8, mar. rouge, dos ornés. fil.. tr. dor. 400 fr.

Aux armes du **Comte de Provence.**

2674. ABRÉGÉ historique et chronologique des figures de la Bible, mis en vers françois par (Mademoiselle Thomas de Bazincourt). *Paris, Ballard*, 1768 ; pet. in-8, mar. rouge, dos orn., fil., fleurs de lys aux angles, tr. dor. 100 fr.

Aux armes du **Comte d'Artois.**

2675. DICTIONNAIRE minéralogique et hydrographique de la France, contenant : 1° la Description des Mines, Fossiles, Fluors, Crystaux, etc. ; 2° l'Histoire naturelle de toutes les Fontaines minérales du Royaume, etc. (par P.-Jos. Buc'hoz). *Paris, J.-P. Costard*, 1772-1776 ; 4 vol. in-12, mar. olive et mar. vert, dos orné, fil., tr. dor. 100 fr.

Exemplaire de dédicace. Légère différence dans la reliure des 4 volumes.
Aux armes du **Comte d'Artois.**

2676. PORTRAITS. Recueil de 45 portraits, en divers états de Molière, La Fontaine, Boileau, Racine, Pierre Corneille, Fénelon, Montaigne, La Bruyère, Descartes, Crébillon, La Mothe Le Vayer, Bayle, Regnard, Chennevières, Arioste, Card. de Richelieu, Louis XIV, Mme de Graffigny, Voltaire, J. J. Rousseau, Frédéric II, J. B. Rousseau, etc., gravés par Ficquet et Savart ; in-8, mar. rouge, dos orn. et fleurdelisé, larg. dent., doubl. et gardes de moire bleue, tr. dor. 3.000 fr.

Admirable reliure de *Derôme*, avec large dent. ornée du *fer à l'oiseau*. Au

centre des plats les armes en mosaïque de mar. bleu, avec cette inscription : CH. PHIL. FILS DE FRANCE **Comte d'Artois** COLONEL GENERAL DES SUISSES ET GRISONS.

2677. SACRE de S. M. Charles X, dans la métropole de Reims, le 28 mai 1825. *Paris, Sezerac et Duval*, 1825 ; in-fol., demi-rel. dos et coins de veau bleu. 60 fr.

Titre avec vignette de *V. Adam* et 10 planches lithographiées sur Chine d'après *V. Adam, Maurin*, etc.
Aux armes du Roi **Charles X,** sur le dos et les plats.

2678. BERTHIER. Relation de la bataille de Marengo, gagnée le 25 prairial an VIII par Napoléon Bonaparte, premier consul... sur les Autrichiens, aux ordres du lieutenant-général Mélas ; rédigée par le général Alex. Berthier, ministre de la guerre... et accompagnée de plans indicatifs... sous la direction du général de brigade Samson. *Paris, Imp. Impériale*, 1806 ; in-4, veau vert racine, attributs sur le dos, large dent., tr. dor. 200 fr.

Joli front. gravé par *Pauquet* et *Niquet*, d'après *Vernet*, et 6 planches doubles. Taches de rousseur.
Aux armes de l'Empereur **Napoléon I**er.

2679. LA VALLÉE (Joseph). Lettres d'un mameluck, ou tableau moral et critique de quelques parties des Mœurs de Paris. *Paris, Capelle*, 1803 ; in-8, veau marb., dos orn., pet. dent. 250 fr.

Aux armes de l'Empereur **Napoléon I**er, portant frappé sur le plat supérieur MALMAISON ».

2680. POSTES IMPÉRIALES. Carte des routes de poste de l'empire français, du royaume d'Italie et de la confédération du Rhin, dressée par ordre du conseil d'administration des postes et relais (dressée et dessinée par P. Tardieu fils) ; gravée par F.-A. Tardieu, graveur des postes impériales, 1814 ; in-plano, dans un étui in-8, mar. rouge à long grain, dent. 350 fr.

Magnifique exemplaire COLLÉ SUR SOIE, replié et renfermé dans un joli étui en maroquin très frais.
Aux armes de l'Empereur **Napoléon I**er.

Achat de Bibliothèques

2681. Postes Impériales. Etat général des routes de poste de l'Empire français, du Royaume d'Italie, de la Confédération du Rhin, etc., etc., dressé par ordre du conseil d'administration pour l'an 1814. *Paris, Imp. Impériale,* 1814; in-8, mar. rouge à long grain, dos orn. de chiffres couronnés, large dent., tr. dor.   300 fr.

Reliure très fraîche aux armes de l'Empereur **Napoléon Ier**.

2682. Description des Cérémonies et des Fêtes qui ont eu lieu pour le mariage de S. M. l'empereur Napoléon avec S. A. I. l'archiduchesse Marie-Louise d'Autriche, par Ch. Percier et P.-F.-L. Fontaine. *Paris, impr. de P. Didot l'aîné,* 1810 ; in-fol., pl., demi-chag. vert, plats toile, dos et angles ornés d'abeilles., *non rogné.* 100 fr.

Le volume est orné de 13 planches gravées au trait d'après les dessins de *Percier* et *Fontaine.*

Exemplaire au chiffre couronné de l'Empereur **Napoléon III**.

2683. Description des Cérémonies et des Fêtes qui ont eu lieu pour le couronnement de leurs Majestés Napoléon, Empereur des Français et Roi d'Italie, et Joséphine son auguste épouse. Recueil de d. corations exécutées dans l'église de Notre-Dame de Paris et au Champ de Mars, d'après les dessins et sous la conduite de C. Percier et P.-F.-L. Fontaine. architectes. *Paris, Leblanc,* 1807, in-fol., pl., demi-chag. vert, plats toile, dos et angles ornés d'abeilles, *non rogné.* 100 fr.

Orné de 12 planches gravées au trait.

Bel exemplaire, tiré sur GRAND PAPIER au chiffre couronné de l'Empereur **Napoléon III**.

FEMMES BIBLIOPHILES

2684. Heures a l'usage de Troyes : au long sans requérir. (Almanach de 1587 à 1603). *Imprimé à Troyes, par Jean du Ruau,* s. d. ; in-8 goth. de 188 ff. sur papier fort, rubriques rouges, veau, riches comp. de feuillage et de fleurs sur le dos et les plats, tr. dor. (*Rel. du XVIe siècle restaurée*). 2.000 fr.

Très rare. Ces heures sont ornées de DOUZE vignettes au calendrier, de SOIXANTE-DIX-NEUF autres vignettes sur bois dont DOUZE grandes avec encad. à pleine page, et d'un titre encadré portant la *marque de Jean du Ruau.* (Elles sont incomplètes d'un feuillet).

On a relié à la suite : Cy commence une petite instruction & manière de vivre pour une femme séculière comme elle se doit conduire en pensées, parolles & œuvres tout au long du jour pour tous les jours de sa vie pour plaire a nostre Seigneur & amasser richesses célestes au profit et salut de son âme ». *Imprimé à Troyes, par Jean du Ruau,* s. d.; 18 ff., car. goth., titre encad. avec la marque de l'imp. et 3 vignettes sur bois. — Propositions, dicts et sentences contenans les graces, fruicts proffits, utilitez et louanges de tressâcte et digne sacrement de l'autel pour ceux qui le reçoivent en estat de grâce : extraites de plusieurs saincts docteurs. *Imprimé à Troyes, par Jean du Ruau,* s. d.: 26 ff., car. goth. — Sensuyt une dévote médita-tion sur la mort et passion de nostre sauveur et redempteur Jésus-Christ avec les mesures mises de place en place ou nostre Seigneur a souffert pour nous. Et le voyage et oraisons du mont de Calvaire. Et aussi une meditation pour l'espace d'une basse messe. *S. l. n. a.;* 88 ff., car. goth. Titre encad. de vignettes et 14 figures sur bois. — Prières meditations chrestiennes pour exercer le chrestien en la contemplation de Dieu d'un chascun jour de la semaine, recueillies par François de Neufville, religieux et abbé de Grand-Mont et de tout l'ordre. *Troyes, Jean Oudot,* 1594 ; 84 ff. lettres rondes. — La Vie et Passion de ma dame saincte Marguerite vierge et martyre. *Imprimé à Troyes chez Jean du Ruau,* s. d.; 10 ff., car. goth., titre encad. et vignette représ Ste Marguerite. — Les Quinze effusions du sang de nostre Seigneur Jésus-Christ. *Imprimé à Troyes par Jean du Ruau,* 9 ff., car. goth., titre encad. avec vignette. et 13 fig. sur bois.

Réunion importante de SEPT IMPRESSIONS TROYENNES de toute rareté, contenues dans une très belle reliure du genre de celles que les *Eve* exécutèrent pour MARGUERITE DE VALOIS. Le dos et les plats sont entièrement couverts de riches compartiments de feuillages, dans les entrelacs desquels se trouvent des fleurs variées et l'emblême de Saint-Esprit. Elle porte en outre une infinité de doubles monogrammes de **Louise de Lorraine**, femme du Roi Henri III. Quelques feuillets sont raccommodés ou cassés dans la marge. Mouillures.

Et de Livres anciens et modernes

2685. MERCURE DE FRANCE, année 1747 ; 7 vol. divers, in-12, mar. rouge, dos orn., fil., tr. dor. (*Rel. anc.*).   700 fr.

> Aux armes de la Reine **Marie Leczinska**.
> CHAQUE VOLUME PRIS SÉPARÉMENT, 150 fr.

2686. OFFICE DE LA SEMAINE SAINTE en latin et en français à l'usage de Rome et de Paris, avec des réflexions et méditations, prières et instructions pour la confession et communion, dédié à la Reine pour l'usage de sa maison. *Paris, Veuve Mazières*, 1728 ; 1 tome en 3 vol. in-8, mar. rouge, dos orn., chiffres couronnés sur le dos, très large dent., doubl. et gardes de papier d'argent, tr. dor.   1.200 fr.

> Magnifique exemplaire de dédicace, relié en 3 vol. auquel on a joint en tête de chaque un joli frontispice de *Scotin*.
> Vignette en-tête et 3 figures gravées par *Scotin*.
> Aux armes de la Reine **Marie Leczinska**.

2687. OFFICE de la Semaine sainte en latin et en français à l'usage de Rome et de Paris, avec des réflexions et méditations, dédié à la Reine pour l'usage de sa maison. *Paris, Vve Mazières*, 1728 ; in-8, mar. rouge, fil., fleurs de lys sur le dos et aux angles, tr. dor. 120 fr.

> Orné d'un titre, d'une vignette en-tête et de 3 figures gravés par *Scotin*.
> Aux armes de la Reine **Marie Leczinska**.

2688. PONT DE VEYLE. Le Fat puni, comédie avec un divertissement (par le marquis de Pont de Veyle), représentée pour la première fois, par les Comédiens françois, le 7 avril 1738. *A Paris, chez Prault fils*, 1738 ; in-8, mar. rouge, dos orné de fleurs de lys, fil. sur les plats, dent. int., gardes de pap. dor., tr. dor.   500 fr.

> 1 fleuron sur le titre et une jolie figure par *Tresmolières*, gravés par *Fessard*.
> Aux armes de la Reine **Marie Leczinska**.

2689. LUNEAU DE BOISGERMAIN. Cours d'Histoire naturelle. Tome I. *Paris*, 1774 ; in 8, mar. vert, dos orn., fil., tr. dor.   800 fr.

> Aux armes de la Reine **Marie-Antoinette**.

2690. ABBADIE (Jacques). **Traité de la vérité de la religion chrétienne où l'on établit la religion chrétienne par ses propres caractères**. *La Haye, Jean Neaulme*, 1771 ; 3 vol. pet. in-8, mar. rouge, dos orné, fil., tr. dor.   300 fr.

> Aux armes de Marie-Joséphine de Savoie, **Comtesse de Provence**.

2691. CHAMFORT. Mustapha et Zéangir. Tragédie en cinq actes et en vers, représentée sur le Théâtre de Fontainebleau, devant leurs Majestés, le premier novembre 1776 et le 7 novembre 1777 par M. de Chamfort. *A Paris, chez la Vᵉ Duchesne*, 1738 ; in-8, mar. rouge, dos orné de fleurs de lis, fil., doublures et gardes de tabis bleu, tr. dor.   120 fr.

> Aux armes de la **Comtesse de Provence**.

2692. HOMÈRE. L'Odyssée, traduction nouvelle par M. Gin, avec des Notes géographiques, historiques et littérales, dont la partie qui rapproche la Géographie ancienne des noms modernes, a été dirigée par M. Mentelle. *A Paris, chez Nyon et Servière*, 1783 ; 3 vol. in-12, mar. rouge, dos orné, fil., tr. dor.   200 fr.

> Aux armes de la **Comtesse de Provence**.

2693. HOMÈRE. L'Illiade, traduction nouvelle, par M. Gin, avec des Notes géographiques, historiques et littérales, dont la partie qui rapproche la Géographie ancienne des noms modernes, a été rédigée par M. Mentelle. *A Paris, chez Servière*, 1784 ; 4 vol. — LA BATRACHOMYOMACHIE, ou le Combat des rats et grenouilles. Hymnes et autres pièces fugitives attribuées à Homère, traduction nouvelle par M. Gin. *A Paris, chez Servière*, 1784 ; 1 vol. — Ensemble 5 vol. in-12, mar. rouge, fil., tr. dor. 500 fr.

> Aux armes de la **Comtesse de Provence**.

2694. LENGLET DU FRESNOY. Principes de l'histoire pour l'éducation de la jeunesse, par années et par leçons. *Paris, Leclerc*, 1752 ; 6 vol. in-12, mar. rouge, dos orn., fil., tr. dor.   300 fr.

> Bel exemplaire aux armes de la **Comtesse de Provence**.

Achat de Bibliothèques

2695. LETTRES d'un voyageur anglois. (Par Martin Sherlock). *A Londres*, 1779. — Nouvelles Lettres d'un voyageur anglois, par M. Sherlock. *A Londres, et à Paris, chez Esprit, et la Veuve Duchesne*, 1780. — Ensemble 2 ouvrages en 1 vol. in-8, mar. rouge, dos orné, fil., ornem. aux angles, tr. dor. 150 fr.

Aux armes de la **Comtesse de Provence**.

2696. [LUSSAN (Mlle)] Histoire de la comtesse de Gondez, écrite par elle-même (par Mlle de Lussan). *Paris, veuve Pissot*, 1751 ; 2 vol. in-12, mar. rouge, dos orn., fil., tr. dor. 200 fr.

Aux armes de la **Comtesse de Provence**.

2697. PARMENTIER. Méthode abrégée de la perfection chrétienne, tirée de l'italien du Cardinal Sforce Pallavicini, dédiée à Monsieur. *Paris, de l'imprimerie de Monsieur*, 1784 ; pet. in-12, mar. rouge, fil., coins fleurdelisés. 200 fr.

Aux armes de la **Comtesse de Provence**.

2698. PATRAT. L'Anglais, ou le fou raisonnable, comédie en un acte en prose. *Paris, Vve Ballard*, 1781 ; in-8, mar. rouge, dos orn. et fleurdelisé, fil., fleurs de lys aux angles, tr. dor. 100 fr.

Aux armes de la **Comtesse de Provence**.

2699. THÉATRE. Recueil de Pièces de Théâtre. (Don Pedre. — La Brouette du vinaigrier. — Albert premier. — La double extravagance. — Esope au parnasse). Ens. en un vol. in-8, mar. rouge, dos orn., fil., fleurons d'angles, tr. dor. 200 fr.

Aux armes de la **Comtesse de Provence**.

2700. VALMONT DE BOMARE. Dictionnaire raisonné universel d'Histoire naturelle, contenant l'Histoire des végétaux et des minéraux, et celle des corps célestes, des météores et des autres principaux phénomènes de la nature... par M. Valmont de Bomare. Nouvelle édition, revue et augmentée. *A Paris, chez Lacombe*, 1767-1768 ; 6 vol. in-8, mar. rouge, dos orné, fil., dent. int., tr. dor. 350 fr.

Aux armes de la **Comtesse de Provence**.

2701. ÉLISÉE (le P.). Sermons du R. P. Elisée, Carme déchaussé, Prédicateur du Roi. *Paris, J.-G. Mérigot le jeune*, 1785 ; 4 vol. in-12, mar. rouge, dos ornés, fil., tr. dor. 200 fr.

Aux armes de Marie-Thérèse de Savoie, **Comtesse d'Artois**.

2702. HISTOIRE DE CICÉRON, tirée de ses écrits et des monuments de son siècle... (trad. de l'anglais de C. Middleton, par l'abbé A.-F. Prévost). Seconde édition, revue et corrigée. *A Paris, chez Didot*, 1794 ; 4 vol. in-12, front. dess. et gr. par Cochin, mar. rouge, dos orné, fil., tr. dor. 350 fr.

Aux armes de la **Comtesse d'Artois**.

2703. OFFICE de la Semaine Sainte, latin et françois à l'usage de Rome et de Paris. *Paris, Nicolas Pepie*, 1712 ; in-8 réglé, front., mar. rouge, doubl. et gardes de tabis vert, dos orn., fil., tr. dor. 100 fr.

Frontispice et 3 figures de *Bazin*.
Aux armes de Marie-Louise-Elisabeth d'Orléans, duchesse de **Berry**, fille du Régent.

2704. DESORMEAUX. Histoire de Louis de Bourbon, second du nom, prince de Condé, premier prince du sang, surnommé le Grand. ornée de plans de sièges et de batailles. *Paris, Saillant*, 1766 ; 2 vol. in-12, mar. rouge, dos orn., fil., tr. dor. 200 fr.

Joli portrait du prince de Condé de *Le Juste*. gravé par *Gaucher*.
Aux armes de Marie-Josèphe de **Saxe**, mère du Roi Louis XVI.

2705. OFFICE DE LA SEMAINE SAINTE en latin et en françois à l'usage de Rome et de Paris, avec des Réflexions et Méditations. Prières et instructions pour la Confession et communion à l'usage de la Maison de Madame la Dauphine. *A Paris, chez la veuve Mazières et Garnier*, 1746 ; in-8, titre et fig. grav. par Scotin, mar. rouge, dos orné, ornements et dorures à petits fers et au pointillé, couvrant entièrement les plats, gardes de papier doré à ramages, tr. dor.   250 fr.

Très bel exemplaire aux armes de Marie-Josèphe de **Saxe**.

2706. OFFICE DE LA SEMAINE SAINTE, en latin et françois, à l'usage de Rome et de Paris. *Paris, A. Dezallier,* 1701 ; in-8, mar. rouge, dos orn., fil., tr. dor.   350 fr.

Frontispice et 3 figures gravés.
Aux armes de Marie-Adélaïde de Savoie, Duchesse de **Bourgogne**.

2707. OFFICE de la Semaine Sainte, latin et françois à l'usage de Rome et de Paris. *Paris, Dezallier,* 1708 ; in-8, mar. rouge, dos orn., fil., tr. dor.   400 fr.

Front. et 3 figures gravés.
Aux armes de Marie-Adélaïde de Savoie, duchesse de **Bourgogne**.

2708. BUVARD, pet. in-4, mar. rouge, dos orn. de fleurs de lis, dent. formée de fleurs de lis sur les plats.   200 fr.

Jolie reliure aux armes de Madame **Adélaïde**, fille du Roi Louis XV.

2709. OTTIERI (F. M.). Istori delle guerre avvenute in Europa e particolarmente in Italia per la successione alla Monarchia delle Spagne dàll' anno 1696, all' anno 1725 *Roma, Rocco Bernabo.* 1728 ; 7 vol. in-4, mar. rouge, fil., dos ornés, tr. dor.   500 fr.

Aux armes de Madame **Adélaïde**.

2710. SAINT-CYPRIEN. Les Œuvres de Saint-Cyprien, évêque de Carthage et martyr. Traduites en françoys, par M. Lambert, avec des remarques, une nouvelle vie de S. Cyprien tirée de ses écrits... *Paris, A. Pralard,* 1672 ; in-4, mar. rouge, dos orn., fil., tr. dor.   150 fr.

Vignettes, en-têtes et lettres initiales gravées par *Chauveau*. Mouillures.
Aux armes de Madame **Adélaïde**.

2711. ARCQ (Chevalier d'). Histoire générale des guerres, divisée en trois époques : la première depuis le déluge jusqu'à l'ère chrétienne ; la seconde depuis l'ère chrétienne ; la troisième depuis la chute de l'Empire d'Orient jusqu'à l'année 1748. *Paris, impr. Royale,* 1756-1758 ; 2 vol. in-4, mar. vert, dos

orn., très large dentelle, tr. dor. (*Louis Douceur*).   2.000 fr.

Cet ouvrage qui devait avoir 3 vol. ne fut point achevé, il ne parut que ces deux volumes.
Bel exemplaire dans une ADMIRABLE RELIURE à très large dentelle aux armes de Madame **Victoire**, fille du roi Louis XV.

2712. ARNAULD-D'ANDILLY. Les vies des Saints-Pères des Déserts, et de quelques Saintes, écrites par des pères de l'Eglise..., traduites en françois. *Paris, L. Josse,* 1733 ; 3 vol. in-8, mar. vert olive, dos orn., fil., tr. dor.   300 fr.

Bel exemplaire aux armes de Madame **Victoire**.

2713. MONTGON. Mémoires de Monsieur l'abbé de Montgon, publiés par lui-même, contenant les différentes Négociations dont il a été chargé dans les Cours de France, d'Espagne et de Portugal ; et divers événements qui soit arrivés depuis l'année 1725, jusqu'à présent. *Lausanne, Marc. Bousquet,* 1750-1753 ; 10 vol. in-12, mar. vert, dos orn., fil., tr. dor.   600 fr.

Aux armes de Madame **Victoire**.

2714. COMMINES. Mémoires de Messire Philippe de Commines, Seigneur d'Argenton, où l'on trouve l'histoire des Rois de France, Louis XI et Charles VIII, enrichie de notes par Messire Godefroy, augmentée par l'abbé Lenglet du Fresnoy. *Londres et Paris, Rollin,* 1747 ; 4 vol. in-4, mar. citron, dos orn., tr. dor.   1 000 fr.

Édition ornée d'un frontispice de *B. Picart* gravé par *Duflos*, du portrait de Louis XI et de Commines par *Odieuvre* et 3 vignettes, en-têtes.
Aux armes de Madame **Sophie**, fille du Roi Louis XV.

2715. DANIEL (Le Père G.). Histoire de France depuis l'établissement de la Monarchie françoise dans les Gaules. Nouvelle édition augmentée de notes de dissert. histor. et crit. de l'histoire du règne de Louis XIII et d'un journal de celui de Louis XIV (par le Père H. Griffet). *Paris,* 1755 ; 17 vol. gr. in-4, mar. citron, dos orn., fil., tr. dor.   1.200 fr.

Édition ornée d'un frontispice, de plans, de cartes, et de vignettes représentant des médailles et des monnaies de chaque règne.
Exemplaire en GRAND PAPIER, aux armes de Madame **Sophie**.

Achat de Bibliothèques

2716. D'AUVIGNY. La Vie des hommes illustres de la France, depuis le commencement de la monarchie jusqu'à présent [avec la continuation par l'abbé Pérau]. *Amsterdam et Paris, Le Gras*, 1739-1753 ; 20 vol. in-12, mar. citron, dos orn., fil., tr. dor. 800 fr.

Aux armes de Madame Sophie.

2717. LAFITEAU (J. F.). Mœurs des Sauvages amériquains, comparées aux mœurs des premiers temps. *Paris, Saugrain*, 1724 ; 2 vol. in-4, front. et fig., mar. citron, dos orn., fil., tr. dor. 300 fr.

Ouvrage orné de curieuses planches.
Aux armes de Madame Sophie.

2718. LAFITEAU (J. F.). Histoire des découvertes et conquestes des Portugais dans le Nouveau Monde. *Paris, Saugrain et Coignard*, 1733 ; 2 vol. in-4, mar. citron, dos orn., fil., tr. dor. 300 fr.

Ouvrage orné de figures et de cartes.
Aux armes de Madame Sophie.

2719. LA FONTAINE. Fables choisies mises en vers par J. de La Fontaine. *Paris, Desaint et Saillant*, 1755-1759 ; 4 tomes en 2 vol. in-fol., mar. citron, dos orn., fil., tr. dor. 10.000 fr.

Frontispice par *Oudry*, terminé par *Dupuis* et gravé par *Cochin*, et 275 figures par *Oudry* gravées par *Aubert, Aveline, Baquoy, Beauvais, Chedel, Cochin, Fessard*, etc.
EXEMPLAIRE DU PREMIER TIRAGE en GRAND PAPIER (avec la planche du Léopard AVANT L'INSCRIPTION), aux armes de Madame **Sophie**.
Ouvrage rarement rencontré avec une provenance aussi remarquable.

2720. LE BRUYN (Corneille). Voyage au Levant, c'est-à-dire dans les principaux endroits de l'Asie Mineure, dans les Isles de Chio, Rhodes, Chypre, etc , de même que dans les plus considérables villes d'Egypte, Syrie et Terre Sainte. Enrichi d'un grand nombre de figures en taille douce. Nouvelle édition dont le style a été retouché (par Banier), et augmentée des dernières découvertes, 2 vol. — Voyages par la Moscovie, en Perse et aux Indes Orientales, 3 vol. *Rouen et Paris,*

Bauche. Ensemble 5 vol. in-4, mar. citron, dos orn., fil., tr. dor. 700 fr.

Aux armes de Madame Sophie.

2721. LE CLERC (Jean). La Vie du Cardinal, duc de Richelieu. Nouvelle édition revûe et augmentée de pièces curieuses et historiques qui servent à son éclaircissement. *Amsterdam (Paris)*, 1753 ; 5 vol. in-12, port., mar. citron, dos orn., fil., tr. dor. 500 fr.

Aux armes de Madame Sophie.

2722. LENGLET-DUFRESNOY. Méthode pour étudier la géographie où l'on donne une description exacte de l'univers, formée sur les observations de l'académie et sur les auteurs originaux, avec un discours préliminaire et un catalogue des cartes géographiques, relations, voyages et descriptions nécessaires pour la Géographie. Troisième édition. *Paris, Rollin et De Bure*, 1742 ; 7 tomes en 8 vol. in-12, front. et cartes, mar. citron, dos orn., fil., tr. dor. 500 fr.

Aux armes de Madame Sophie.

2723. MARMOL (Luys de). L'Afrique de Marmol, de la traduction de Nicolas Perrot, sieur d'Ablancourt. Enrichie des cartes géographiques de M. Sanson Avec l'histoire des Chérifs, traduites de l'Espagnol de Diego Torrès, par le duc d'Angoulesme le Père. Reveüe et retouchée par P. R. A. (Pierre Richelet, avocat). *Paris, Billaine*, 1667 ; 3 vol. in-4, mar. citron, dos orn., fil., tr. dor. 400 fr.

Aux armes de Madame Sophie.

2724. MORÉRI (Louis). Le Grand Dictionnaire historique ou le mélange curieux de l'histoire sacrée et profane qui contient en abrégé l'histoire fabuleuse des dieux et des héros de l'antiquité payenne, les vies et les actions remarquables... L'Etablissement et le progrès des ordres religieux et militaires. Les généalogies de plusieurs familles illustres, la description des royaumes, républiques, provinces, etc... Nouvelle édition revue, corrigée et augmentée. *Paris, Jean Baptiste Coignard*, 1732 ; 6 vol. — Supplément pour servir à la der-

Et de Livres anciens et modernes

nière édition de 1732 et aux précé- dentes. *Paris*, 1735 ; 2 vol. — Nouveau supplément. *Paris*, 1749 ; 2 vol. — Ensemble 10 vol. in-fol., mar. citron, dos orn., fil., tr. dor

        1.500 fr.

Aux armes de Madame **Sophie**.

2725. RAPIN DE TOYRAS. Histoire d'Angleterre . Nouvelle édition augmentée des notes de M. Tindal, et de quelques autres remarques de l'abrégé historique fait par Rapin de Thoyras ; du Recueil des actes publiés d'Angleterre, de Thomas Rymer, et de mémoires pour les vingt premières années du Règne de Georges II, par les soins de M. de S. M. (de Saint-Marc). *La Haye (Paris)*, 1749 ; 16 vol. in-4, mar. citron, dos orn., fil., tr. dor.   1.000 fr.

> Édition la plus complète de cette histoire. Elle est illustrée de 1 frontispice, 7 portraits, 6 cartes, 11 tableaux généalogiques et 40 vignettes en-têtes d'*Eisen, Rigaud, Humblot, J. Robert*, gravés par *Boucher, Lafosse, Maisonneuve, Tardieu, Audran*.
> Aux armes de Madame **Sophie**.

2726. REBOULET (S.). Histoire du Règne de Louis XIV, surnommé le Grand, roy de France. *Avignon, Fr. Girard*, 1746 ; 9 vol. in-12, mar. citron, dos orn., fil., tr. dor.

        800 fr.

Aux armes de Madame **Sophie**.

2727. REGNIER DES MARAIS. Histoire des demeslez de la Cour de France avec la Cour de Rome, au sujet de l'affaire des Corses. *S. l.* 1707 ; in-4, front. grav., mar. citron, fil., dos orné, dent. int., tr. dor.   200 fr.

Aux armes de Madame **Sophie**.

2728. ROLLIN. Histoire ancienne des Egyptiens, des Carthaginois, des Assyriens, des Babyloniens, des Mèdes et des Perses, des Macédoniens, des Grecs. *Paris, Vve Estienne*, 1741-1748 ; 13 tomes en 14 vol. in-12, mar. citron, dos orné, fil., tr. dor.   500 fr.

Aux armes de Madame **Sophie**.
Un des volumes a les armes enlevées.

2729. SAINT AUGUSTIN Sermons sur les pseaumes traduits en français (par Ant. Arnauld). *Paris, Barrois*, 1739 ; 14 vol. in-12, mar.

noir jans., dos ornés à froid, fil., tr. dor.   250 fr.

Aux armes (frappées à froid), de **Madame Sophie**.

2730. TASSE. Jérusalem délivrée. Poème héroïque de Tasse, traduit en françois (par J.-B. de Mirabaud). *Paris, Jacques Barois*, 1735 ; 2 vol. in-12, mar. citron, dos orn., fil., tr. dor.   300 fr.

Aux armes de Madame **Sophie**.

2731. TRÉVOUX. Dictionnaire universel françois et latin, contenant la signification et la définition des mots de l'une et de l'autre langue... avec des remarques d'érudition et de critique, tomes I à VI. *Paris*, 1752 ; 6 vol. in-fol., mar. citron, dos orn., fil., tr. dor.   1.200 fr.

Exemplaire aux armes de Madame **Sophie**.

2732. BARTHÉLÉMY (l'abbé). Voyage du jeune Anacharsis en Grèce. Nouvelle édition. *Paris, Etienne Ledoux*, 1822 ; 7 vol. gr. in-8, et atlas in-fol. obl., mar. rouge à longs grains, dos richement orné, dent. à froid, double encad. intérieur, dent. int., tr. dor. (*Simier, R. du Roi*).   750 fr.

> Exemplaire sur GRAND PAPIER VÉLIN, orné d'un portrait de l'auteur et de 6 belles figures d'après *Colin*, élève de *Girodet*, en DOUBLE ÉTAT dont l'EAU-FORTE PURE.
> Reliure de toute fraîcheur aux armes de Caroline-Fernande-Louise de Bourbon, duchesse de **Berry**.

2733. VISCONTI . Asservazioni di Ennio Quirino Visconti in due Musaici antichi istoriati. *In Parma. Dalla reale typographia*, 1788 ; in-8 pl., veau fauve, fil., tr. dor.,   30 fr.

Aux armes de la Duchesse de **Berry**.

2734. HEIDNISCHER gotter und göttingen prächtiger auffzug, an 1695, gehalten in Dressden. (*Augspurg, zufinden bey Jerem, Wolff... gedruck bey Joh. Jac. Lotter*, 1718) ; pet. in-fol. obl., fig., veau fauve, dos et angles des plats fleurdelysés, fil.   400 fr.

> Volume orné de 19 (sur 20) grandes planches très curieuses, représentant diverses scènes de la mythologie, en une grande procession qui eut lieu à Dresde, en 1695.
> TRÈS RARE. Le titre et le texte qui comprennent 8 feuillets sont remmargés.
> Aux armes de Charlotte-Élisabeth de **Bavière**, femme de monsieur, duc d'Orléans, frère du Roi Louis XIV.

Achat de Bibliothèques

2735. OFFICE de la Semaine Sainte, latin et françois à l'usage de Rome et de Paris... *Paris, Grégoire Dupuis,* 1726 ; pet. in-8, mar. rouge, dos orn., pet. dent., tr. dor. 60 fr.

Aux armes de Françoise-Marie de Bourbon, duchesse d'**Orléans,** femme du Régent, dite Mademoiselle de Blois.

2736. ORAISON FUNÈBRE de très hault, très puissante et très excellente Princesse HENRIETTE, LOUISE, MARIE, GABRIELLE, FRANÇOISE DE BOURBON-CONDÉ, MADAME DE VERMANDOIS, abbesse de l'abbaye royale de Beaumont-les-Tours. Prononcée le 8 janvier 1773, dans l'église de l'abbaye royale de Beaumont-les-Tours, par M. l'abbé Brugas, de la maison et Société de Sorbonne, vicaire général du diocèse de Tours ; in-4, de 32 ff., mar. noir, dos orné, larges dent., fleurs de lys aux angles, dent. int., tr. dor. 2 000 fr.

Cette oraison funèbre manuscrite, est conservée dans une jolie reliure en maroquin noir dont tous les ORNEMENTS ont été FRAPPÉS EN ARGENT.
Aux armes de Henriette-Louise-Marie-Gabrielle-François de **Bourbon-Condé,** née en 1703, qui fut abbesse de Beaumont-les-Tours, dès 1733. Elle était fille de Louis de Bourbon, petit-fils du Grand-Condé. Elle fut bien connue par sa grande piété et sa charité.

2737. AVANTURES (Les) du Voyageur aérien. Histoire espagnole, avec les paniers, ou la Vieille Pretieuse, comédie (par Marc-Antoine Legrand). *Paris, André Cailleau,* 1714 ; in-12, mar. rouge, dos orn., tr. dor. 150 fr.

Bel exemplaire aux armes de Louise-Adélaïde de **Bourbon-Conti,** dite Mademoiselle de La Roche-sur-Yon.

2738. FLORIOT. Morale chrétienne rapportée aux Instructions que Jésus-Christ nous a données dans l'Oraison dominicale (par P. Floriot, prêtre du diocèse de Langres). *Paris, G. Desprez,* 1680 ; in-4 réglé, mar. rouge, fil., doublé de mar. rouge, tr. dor. 250 fr.

Très bel exemplaire dont la doublure à l'intérieur est semée du chiffre de Marie d'**Aspremont,** femme de Charles IV, duc de Lorraine.

2739. ARIAS MONTANUS. Humanæ salutis monumenta. B. Ariæ Montani studio constructa et decantata. *Antwerpia, C. Plantini,* s. d. (1572) ; in-8, fig., vélin blanc, dos orné, fil., coins et mil. dor. 120 fr.

Ce joli volume est orné de nombreuses planches gravées sur cuivre par *Jean Vierix* et autres artistes, d'après *Pierre Van der Borcht.* Exemplaire de PREMIER TIRAGE auquel il manque un feuillet.
On a relié à la suite : SACRARUM ANTIQUITATUM MONUMENTA ; patriarcharum, Regum, Prophetarum, et vivorum vere illustrium veteris Testamenti, Imaginibus et Egoliis apparata atque inscripta : auctore LUDOVICO HILLESSEMIO. andernaco. *Antverpiæ, C. Plantini,* 1577 ; port. de l'auteur, 39 jolies vignettes.
Le milieu de la reliure porte sur le permier plat deux A et sur le second deux *L* redoublés en sens contraire qui forment le monogramme d'**Antoinette de Vendôme,** duchesse de Lorraine.
Piqûres de vers.

2740. BOCCACE. J. Casi de g'li Huomini illustri. Di Messer Giovan. Boccacio. Ne quali si trattano molti accidenti di diversi Principi... Tradotti di lingua latina in volgari per giuseppe Betussi. Con una nuova giuntta fatta per Messer Fr. Serdonati. *Fiorenza, Filippo Giunti,* 1598 ; 1 tome en 3 vol. pet. in-8, mar. vert, dos orn., fil., tr. dor. 800 fr.

Bel exemplaire de cette édition augmentée d'un supplément de Fran. Serdonati.
Aux armes de Jeanne-Antoinette Poisson, Marquise de **Pompadour.**

2741. CAUSES célèbres et intéressantes avec les jugements qui les ont décidées. Nouvelle édition, revue corrigée et augmentée de plusieurs pièces importantes (par Fr. Gayot de Pitaval). *Paris, Théodore Le Gras,* 1739-1740 ; 20 vol. in-12, veau fauve, dos orn., fil., tr. dor. 500 fr.

Très bel exemplaire aux armes de la Marquise de **Pompadour.**

2742. DU VERDIER. La Diane françoise. *Paris, Anth. de Sommaville,* 1624 ; un tome en 2 vol. pet. in-8, front., veau fauve, dos orné, fil. 80 fr.

Aux armes de la Marquise de **Pompadour.**

Et de Livres anciens et modernes

2743. ORAISON FUNÈBRE de Louis-Charles-Gaston de Foix et de la Valette, duc de Candale, général français, né à Metz le 14 avril 1627 (par Gabrielle de Roquette, évêque d'Autun). Manuscrit du XVIIe siècle très bien calligraphié en caractères imitant l'impression ; il comprend 92 pages et porte la signature du calligraphe Berthiot ; in-4, mar. rouge, fil., dos orné, doublé de mar. rouge, avec comp. de fil., dent. int., tr. d. (*Du Seuil*) 1.000 fr.

Beau manuscrit aux armes de la Marquise de **Pompadour**, qui très probablement devint, par la suite propriétaire de ce volume et y fit apposer ses armoiries. Le duc de *Candale* était le fils de *Bernard d'Epernon* et de *Gabrielle de Verneuil*, fille légitimée d'*Henri* IV et de la marquise de *Verneuil*. Cette oraison funèbre fut prononcée à Lyon en 1658 devant le prince de *Conti* et la sœur du défunt, Anne-Louise-Christine, carmélie.

2744. MERCURE DE FRANCE (Le). Années 1770, 1772, 1773 et 1775 ; 20 vol. divers, in-12, mar. rouge, dos orn., fil., tr. dor. 6.000 fr.

Aux armes la Comtesse **Du Barry**.
CHAQUE VOLUME, PRIS SÉPARÉMENT, 450 fr.

2745. SURGY (de). Eloge historique de M. le Marquis de Montmirail, mis à la tête du dixième volume des Mélanges intéressans et curieux, par M. de Surgy. *A Paris*, 1766 ; in-8, mar. rouge, dos orn., fil., tr. dor. 1.500 fr.

Portrait du Marquis de Montmirail par *Fredou*, gravé par *Gaucher*.
Très bel exemplaire aux armes de la Comtesse **Du Barry**.

2746. FLÉCHIER. Oraison funèbre de Madame Marie de Wignerod, duchesse d'Aiguillon, pair de France, prononcée en l'église des Carmélites de la rüe Chapon le 12 jour daoust 1675. *Paris, Séb. Mabre-Cramoisy*, 1676 ; in-4 réglé, mar. noir, dos orn., fil., couronnes sur le dos et aux angles des plats, tr. dor. 300 fr.

Très bel exemplaire réglé aux armes de Marie-Madeleine-Thérèse de Wignerot, Duchesse **d'Aiguillon**.

2747. ÉTAT du régiment des gardes françaises du Roi à la revue de Sa Majesté en mai 1780. *Paris La-*

mesle, 1780 ; in-18, mar. rouge, dos orn., fil., tr. dor. 70 fr.

Aux armes d'une femme d'un **membre** de la famille **Boucot**.

2748. JÉROSME (R. P.). Bibliothèque ascetique ou sentimens des S. S. Pères et des auteurs ecclésiastiques, sur les plus importants sujets de la Morale chrétienne. *Paris, G. Desprez*, 1761-1769 ; 7 vol. in-12, mar. rouge, doubl. et gardes de moire bleue, dos orn., fil., tr. dor. 500 fr.

Jolie reliure, très fraîche, aux armes de Marie-Armande de Béthune, femme de Jean de Paris de Montmartel, dite la Marquise de **Brunoy**. Provenance rare non citée par Guigard.

2749. DAVID. NOUVELLE TRADUCTION DU LIVRE DES PSEAUMES, selon la vulgate et les différents textes, avec des nottes littérales et grammaticales (par Nicolas de Mélicque). *Paris, L. Guérin*, 1705 ; in-8, front., mar. vert, dos orné, fil., tr. dor. 800 fr.

Aux armes et au chiffre d'Isabelle-Thérèse Le Rebours, Marquise de **Chamillart**.

2750. MISSALE ROMANUM, ex decreto sacrosancti concilij tridentini restitutum Pij V, pont. Max et Clementis VIII.... *Lugduni*, 1682 ; in-fol., mar. rouge, dos orn., fil., chiffres aux angles, tr. dor. 2.500 fr.

Ce missel, aux armes de Madame de **Chamillart**, servait aux offices dans son château de La Suze.

2751. PENSÉES et RÉFLEXIONS sur les Egarements des Hommes dans la voye du Salut. (Par Pierre de Villiers). Troisième édition. *Paris, J. Collombat*, 1700 ; 2 vol. in-12, front., mar. rouge, dos orné, fil., doublé de mar. vert, dent., tr. dor. 300 fr.

Aux armes de Marguerite-Louise-Suzanne de Béthune, Duchesse **Du Lude**.
Le bas des titres a été découpé.

2752. BRIDOU Célie. Nouvelle (par Jean Bridou). *Paris, Cl. Barbin*, 1663 ; in-8, mar. vert, dos orné, fil., tr. dor. 60 fr.

Aux armes de Béatrix de Stainville, Duchesse de **Grammont**, sœur du duc de Choiseul, ministre de Louis XV.

Achat de Bibliothèques

2753. HENRIETTE. Traduit de l'anglois (de Charlotte Lennox), par M... (G.-J. Monod). *Londres et Paris, Duchesne,* 1760 ; 4 vol. in-12, mar. vert, dos orn., fil., tr. dor. 120 fr.

Bel exemplaire aux armes de la Duchesse de **Grammont.**

2754. SCUDÉRY (de). Artamène ou le grand Cyrus. *Rouen et Paris, Courbé,* 1754 ; 10 vol. pet. in-8, mar. vert, dos ornés, fil., tr. dor. (*Derome*). 300 fr.

Roman dont le succès fut très grand.
Bel exemplaire aux armes de la Duchesse de **Grammont.**

2755. VALMONT DE BOMARE. Dictionnaire raisonné universel d'histoire naturelle... *A Paris, chez Didot,* 1764 ; 5 vol. petit in-8, mar. rouge, dos orné, fil., tr. dor. 500 fr.

Aux armes de la Duchesse de **Grammont.**

2756. SAINT-JÉROME. Épistres familières de Saint Hiérosme divisées en trois livres. Traduites de latin en françois par Jean de Lavardin, abbé de l'Estoille. *Paris, Mathieu, Guillemot,* 1596 ; in-8 réglé, mar olive, plats et dos entièrement semés de fleurs de lys, coins ornés de feuillages et d'une tête d'ange, au milieu des plats un Christ en croix entouré de flammes, tr. dor. 500 fr.

Reliure de la fin du XVI° siècle, très bien conservée.
Sur le dos : **M. Marguerite Le Roy,** le nom et prénom de la personne pour laquelle cette jolie reliure a été faite.

2757. INSTRUCTIONS CHRESTIENNES sur les Mystères de N. Seigneur Jésus-Christ, et sur les principales Festes de l'année (par Antoine de Singlin). *A Paris, chez André Pralard,* 1781 ; 5 vol. in-8, mar. rouge, dent. int., tr. dor. (*Boyet*). 600 fr.

Aux armes de Paule-Françoise Gondi de Retz, Duchesse de **Lesdiguières,** frappées 4 fois sur le dos, et 5 fois sur les plats, au milieu et aux angles.

2758. SOLIS (Antoine de). Histoire de la conquête du Mexique, ou de la nouvelle Espagne, par Fernand Cortez, traduit de l'Espagnol par l'auteur du Triumvirat (Bon-André, comte de Broé, seigneur de Citri et de La Guette). Sixième édition.

Paris, Comp. des libraires, 1774 ; 2 vol. in-12, veau marb., dos orn., fil., tr. dor. 40 fr.

Exemplaire aux secondes armes de Anne-Marguerite-Gabrielle de Beauveau-Craon, Duchesse de **Mirepoix.**

2759. MALPIGHII Opera omnia, figuris elegantissimis in aesi incitis illustrata Tomis Duobus, 54 planches. *Londini,* 1686 ; — Appendix repetitas auctasque de Ovo inculbato, 4 planches, *Londini,* 1686 ; — Operum, Tomus secundus, 39 planches, *Londini,* 1686. — De Bombyce, 12 planches. — De Formatione Lulli in ovo, 7 planches. — Epistolæ anatomicæ. Ens. 6 ouvr. en 1 vol. in-fol., veau fauve, dos orn., fil., chiffres sur le dos et les plats. 100 fr.

Aux armes de Julie d'Angennes, Duchesse de **Montausier.**

2760. NUITS PARISIENNES (les) a l'imitation des nuits attiques d'Aulu-Gelle, ou recueil de traits singuliers, anecdotes, usages remarquables, faits extraordinaires, observations critiques, pensées philosophiques, etc. (par Chomel, frère du médecin). *Londres et Paris, Lacombe,* 1769 ; 2 vol. pet. in-8, veau marb., dos orn., fil. 40 fr.

Aux armes de Marie-Angélique de Neufville, Duchesse de **Montmorency-Luxembourg.**

2761. SAINT AMBROISE. Les Lettres de S. Ambroise, évêque de Milan, traduites en françois par le P. Duranti de Bonrecueil. *Paris, Delespine,* 1741 ; 3 vol. in-12, mar. olive, dos orn., fil., tr. dor. 250 fr.

Aux armes de Anne-Benigne-Fare-Thérèse de Beringhen, Marquise de **Vassé.**

2762. LA CALPRENÈDE. Abrégé de la Cléopâtre de M. de la Caprenède. *Paris. Thomas Jolly,* 1667-1668 ; 4 part. en 2 vol. in-18, mar. vert, fil., dos ornés, tr. dor. 200 fr.

Intéressant ouvrage orné de figures.
Aux armes de Jeanne-Baptiste d'Albert de Luynes, Comtesse de **Verrue.**

2763. PROMENADE DU LUXEMBOURG (La), par Monsieur Le*** (le Chevalier de Mailli). *Imprimé à Rouen, à Paris, chez Claude Jombert,* 1713. — Histoire du Chevalier de

Et de Livres anciens et modernes

Rohan. *S. l. n. d.* Ensemble deux ouvrages en un vol. in-12, fig., mar. rouge, dos orné, fil., tr. dor. 120 fr.

Aux armes de la Comtesse de **Verrue.**

2764. ROMAN (Le) des lettres. Dédié à Son Altesse Royale Mademoiselle (par l'abbé Fr. Hedelin d'Aubignac). *Paris, J.-B. Loyson*, 1667 ; pet. in-8, mar. vert, dos orn., fil., tr. dor. 175 fr.

Bel exemplaire aux armes de la Comtesse de **Verrue.**

2765. ROMANS DU XVIIe siécle. Les Amours de la belle Junie, ou les sentiments romains, par Mme de P*** (de Pringy). *Paris, Brunet*, 1698. — La Curiosité dangereuse. Nouvelle galante, historique et morale par Braydore(Roberday). *Paris, Mazuel*, 1698 ; front. — Histoire et les Avantures de Kemisk, Georgienne. *Paris, Guignard*, 1697. Ens. 3 ouvrages en un vol. in-12, mar. bleu, dos orné, fil., tr.dor. 100 fr.

Aux armes de la Comtesse de **Verrue.**

2766. TOLEDAN (Le). Seconde édition. *Imprimé à Rouen et se vend à Paris, chez Guillaume de Luyne,* 1654 ; 5 vol. in-8, mar. bleu, fil., dos orné et dent., tr. dor. 450 fr.

Rare. Contient l'histoire du célèbre Don Juan d'Autriche, fils naturel de Charles **V.** Aux armes de la Comtesse de **Verrue.**

2767. VILLARS. Le Comte de Gabalis, ou Entretiens sur les sciences secrètes (par l'abbé de Montfaucon de Villars). *A Paris, chez Claude Barbin*, 1670; pet. in-12, mar. bleu foncé, dos orné, fil., tr. dor. 60 fr.

Aux armes de la Comtesse de **Verrue,** sur le dos de la reliure.

2768. VOITURE. Les Œuvres de M. de Voiture, contenant ses lettres et ses poésies, avec l'histoire d'Alcidalis et de Zélidde. Nouvelle édition augmentée de la conclusion de l'histoire d'Alcidalis et de Zélide et de plusieurs autres pièces. *Paris, Robustel.* 1729 ; 2 vol. in-12, front. et portr., veau fauve, dos ornés, tr. rouge. 60 fr.

Aux armes de la Comtesse de **Verrue.**

PRINCES DE LA MAISON DE FRANCE

2769. BERULLE (Pierre de). Discours de l'estat et des grandeurs de Jésus, par l'union ineffable de la divinité avec l'humanité, et de la dépendance et servitude qui lui est deuë... *Paris, Estienne*, 1623 ; in-8, mar. rouge, dos orn., dou12ble encad. de fil., orn. aux angles, tr. dor. (*Rel. anc.*). 150 fr.

Aux chiffre de Charles d'**Orléans-Valois,** duc d'Angoulême, fils naturel du Roi Charles IX.

2770. FARINACII (Prosper). Consilia sive responsa atque decisiones causarum criminalium... Edition postrema. *Lugduni Cardon*, 1607 ; in-fol., mar. vert olive, fil., chiffre sur le dos et les plats, tr. dor. 120 fr.

Forme le tome II de « Praxis et Theoria criminalis ». Aux armes de Charles d'**Orléans-Valois,** duc d'Angoulême.

2771. MULIERS (Nicolas des). Tabulæ Frisicæ lunæ solares quadruplices ; ex fontibus Cl. Ptolemæi, Regis Alfonsi, Nic. Copernici, & Tychonis Brahe, recens constructæ. Operâ et studio Nicolai Muleri... *Alcmariæ (Alkmaer)*, 1611 ; in-4, mar. vert olive, fil., chiffre sur le dos et les plats, tr. dor. 160 fr.

L'auteur, célèbre astronome flamand publia ce livre sur les instances de J. Scaliger et Ulbo Eræníus. Aux armes de Charles d'**Orléans-Valois,** duc d'Angoulême.

2772. ÉPISTRES CATHOLIQUES (Les) de S. Jacques, de S. Pierre, de S. Jean, de S. Jude, et l'apocalypse de S. Jean, traduites en français selon l'édition vulgate, avec des notes, par le R. Père D. Amelote. *Paris, Muguet*, 1670 ; in-8, mar. rouge, dos orn., doubl. encad. de fil., chiffre sur le dos et les plats, tr. dor. 250 fr.

Bel exemplaire aux armes de Philippe II, duc d'**Orléans,** Régent de France.

Achat de Bibliothèques

2773. LETTRE sur le prétendu Solon des Pierres gravées. — Explication d'une médaille d'or de la famille Cornuficia (par Charles Baudelot de Dairval). *Paris, Lamesle*, 1717 ; in-4, mar. rouge, dos orné, fil., tr. dor. 100 fr.

Aux armes du Duc d'**Orléans**, Régent de France.

2774. AUBE. Essai sur les principes du Droit et de la Morale, par M. D'Aube. *Paris, Bern. Brunet*, 1743 ; in-4, mar. rouge, dos orné, fil., tr. dor. 100 fr.

Aux armes de Louis-Philippe duc d'**Orléans**, petit-fils du Régent.

2775. BERTHOUD. Traité des Horloges marines, contenant la théorie, la construction, la main d'œuvre de ces machines, et la manière de les éprouver, par M. Ferdinand Berthoud. *Paris, Musier fils*, 1773 ; in-4, pl., mar. rouge. dos orné, fil., tr. dor. 100 fr.

Charmant en-tête de *Cochin*, vignette du titre et 27 planches gravées par *P.-P. Choffard*.

Bel exemplaire aux armes de Louis-Philippe, duc d'**Orléans**.

2776. CHOIX de poésies morales et chrétiennes, depuis Malherbe jusqu'aux poëtes de nos jours (par Claude Le Fort de la Morinière). *Paris, Prault*, 1739 ; 3 vol. in-8, mar. rouge, dos orn., fil., fleurs de lys aux angles, tr. dor. 200 fr.

Aux armes, sur le dos de la reliure, de Louis-Philippe, duc d'**Orléans**.

2777. DRUMONT DE MELFORT (Cte). Traité sur la cavalerie. *Paris, G. Desprez*, 1776 ; gr. in-fol. et 1 vol. de planches format d'Atlas, mar. rouge, dos orn., larges dent. 1.800 fr.

Superbe exemplaire dans une belle reliure, aux armes de Louis-Philippe, duc d'**Orléans**.

Ouvrage orné d'un frontispice par *Ingouf l'aîné*, une vignette de *Macret* sur le titre.

Le premier volume contient 11 planches et le second 32 planches doubles de *Blarenberghe*, gravées par *Macret, Ingouf, Levillain, Patas, Boignet, Bonvallet, Aveline, Giraud, Duret, Trière, Beurlier, Thiébaut, Duponchelle, Chatelain*, etc.

2778. FLAVIGNY (G.-F. de). Principes fondamentaux de la construction des places, avec des réflexions propres à démontrer les perfections et les imperfections de celles qui sont construites ; un nouveau système de fortification sur toute espèce de ligne, et une nouvelle théorie des mines (par le vicomte C.-F. de Flavigny). *Londres, et se trouve à Paris, chez Ruault*, 1775 ; in-8, 7 planches, mar. rouge, filets, dos orné, tr. dor. 100 fr.

Aux armes de Louis-Philippe, duc d'**Orléans**.

2779. OFFICE de la Quinzaine de Pasques, latin françois, à l'usage de Rome et de Paris, pour la maison de Mgr le Duc d'Orléans. *Paris, d'Houry*, 1752 ; pet. in-8, mar. rouge, dos orn., dent., tr. dor. 50 fr.

Aux armes de Philippe-Joseph, duc d'**Orléans**, dit Philippe-Egalité.

2780. PALISSOT. Œuvres. Nouvelle édition revue et corrigée. *Paris, imprimerie de Monsieur*, 1788 ; 4 vol. in-8, mar. rouge, dos ornés, tr. dor. 600 fr.

Portrait de Palissot par *Monnet*, gravé par *Choffard* et 18 figures par *Méon* et *Monnet*. Tache aux derniers feuillets du tome IV.

Sur les plats se trouve le cachet de la bibliothèque du Roi à Neuilly.

Bel exemplaire dans une reliure très bien conservée, aux armes de Philippe-Joseph, duc d'**Orléans**.

2781. CLAVIUS Theodosii Tripolitæ sphæricorum libri III, a Christophoro Clavico Bambergensi Societatis Jesu perspicuis demonstrationibus ac scholiis illustrati. *Romae ex typographia Dominici Basae*, 1586 ; in-4, fig., mar. brun, fil., tr. dor. 125 fr.

Sur le dos du volume, les armes et la devise de Charles III de **Bourbon**, archevêque de Rouen, dit le Cardinal de Bourbon (Charles X, de la Ligue).

2782. PANTALÉON (Henricus). Militaris ordinis Johannitarum, Rhodiorum, aut melitensium equitum, recrum memorabilium terra marique, à sexcentis ferè annis pro republica Christiana, in Asia, Africa et Europa ccnera Barbaros, Sarecenos, Arabes et Turcas fortiter gestarum, ac præsentem usqx 1581 annum. Historia Noua, libris duodecim comprenhensa, omnibus christianis lectu incundissima. *Basilaæ*, 1581 ; in-fol., mar. rouge, fil. sur le dos et les plats, tr. dor. 150 fr.

Sur le dos du volume les armes et la devise de Charles III de **Bourbon**, dit le Cardinal de Bourbon.

Et de Livres anciens et modernes

2783. Castéra (de). Le Théâtre des Passions et de la Fortune, ou les Avantures surprenantes de Rosamidor et de Theoglaphire. Histoire Australe. *Paris. Henry*, 1731; in-12, mar. rouge, dos orn., dent., tr. dor.   200 fr.

> Bel exemplaire aux armes de Louis-Joseph de **Bourbon Condé**, dit le Prince de Condé.

2784. Anet. Nouveau dictionnaire françois et latin, enrichi des meilleures façons de parler en l'une et l'autre langue, composé par l'ordre du Roy, pour monseigneur le Dauphin. Par M. l'abbé d'Anet. *Paris, veuve Cl. Thiboust*, 1684 (1683); in-4, front grav., mar. rouge, compart. de fil., coins et dos ornés de fl. de lys, dent. int., tr. dor. 350 fr.

> Aux armes de Louis de France, dit le **Grand Dauphin**, fils du roi Louis XIV.
> Les armes frappées sur ce volume sont de France pure.

2785. Auteurs deguisez sous des noms étrangers, empruntez, supposez, feints à plaisir, chiffrez, renversez, retournez, ou changez d'une langue en une autre (par Adrien Baillet). *Paris, Dezallier*, 1670; in-12, mar. rouge, fil., dos orné, tr. dor. (*Duseuil*).   100 fr.

> Premier ouvrage publié en France sur ce genre de recherches bibliographiques.
> Aux armes du **Grand-Dauphin**, sur le dos de la reliure.

2786. La Quintinye (de). Instruction pour les jardins fruitiers et potagers avec un traité des orangers, suivy de quelques réflexions sur l'agriculture. *Paris, Claude Barbin*, 1690; 2 vol. in-4, mar. rouge, dos orn., doubl. encad. de fil., orn. aux angles de l encad.int.(*DuSeuil*) 400 fr.

> Portrait de l'auteur gravé par *C. Vermeulen*, vignettes et figures.
> ' Bel exemplaire aux armes du **Grand Dauphin**.

2787. Livius (Titus). Historiarum libri, interpretatione et notis illustravit Joan. Dujatius, in usum Delphini a c. librorum deperditor, supplementa per J. Freinshemium. *Parisiis, F. Léonard*, 1679-1682; 6 vol. in-4, front. et pl. grav., mar. rouge, doubl. de mar. rouge,

dos orn., doubl. encad. de filets, dent. int., tr. dor.   400 fr.

> De la collection *ab usum Delphini*.
> Exemplaire dans une jolie reliure doublée, très fraîche, ornée de fl-urs de lys au centre et aux angles des encadr. du dos, ainsi qu'aux angles de l'encad. inf. des plats.
> Au bas du dos de chaque volume est frappée l'estampille du **Grand Dauphin**).

2788. Saint Bernard. Les Lettres de S. Bernard, premier abbé de Clairvaux, nouvellement traduites en français, augmentées et divisées en 4 parties par le R. P. Dom Antoine de S. Gabriel. *Paris, Pierre de Bresche*, 1672; 4 vol. pet. in-8, mar. rouge, dos ornés, double encad. de fil., fleurs de lys aux angles, tr. dor.   300 fr.

> Fleurs de lys couronnées sur le dos de la reliure (Pièces d'armes du **Grand Dauphin**).

2789. Onsèques de Jacques II. Sacra exequiala in funere Jacobi II. Magnæ Britanniæ Regis. exhibeta ab..Carolo sanctæ Romanæ ecclesiæ, cardinali Barberino. *Romæ, Typis Barberinis*, 1702; in-fol., front. et fig., mar. bleu, dos, orn. et fleurdelisé, très large dent., fleur de lys aux angles inferieurs, tr. dor. 1.000 fr.

> Très rare volume orné d'un très grand et très beau frontispice se dépliant, et de 18 belles planches (dont 3 se déplient) par *Sébast. Cipriani*. gravées par *Alexandre Specchi*. La plupart de ces planches ont pour sujet des emblèmes. Trois nous donnent des vues de Londres, de Saint-Germain et de Rome.
> On y a joint le portrait de Jacques II, grav par *Edelinck*. d'après *de Troyes*.
> Aux armes de Charles de France, duc de **Berry**, fils du Grand Dauphin.

2790. Abrégé de Géométrie, contenant les définitions, les problèmes les plus nécessaires et quelques propriétés essentielles. In 4, mar. vert, dos orn de fleurs de lys, de soleil et de dauphins, fil., dauphins aux angles, doubl. de mar. rouge, très large dentelle aux dauphins, gardes de soie verte, tr. dor. 3.000 fr.

> Manuscrit d'une très belle écriture, illustré de nombreux dessins de géométrie et d'un joli titre en couleurs orné de dauphins.
> Superbe reliure aux armes de Louis de **France, Dauphin**, fils du Roi Louis XV, pour l'éducation duquel il a été exécuté.

2791. OZANAM. Cours de Mathématiques, qui comprend toutes les parties de cette science les plus nécessaires à un homme de guerre, par M. Ozanam. *Paris, Jombert,* 1693. — La Trigonométrie rectiligne et sphérique, par Wlac, corrigée par Ozanam. *Paris, Jombert* 1720. Ens. 2 vol. in-8, mar. rouge, dos orné, fil., tr. dor. 150 fr.

Aux armes du **Dauphin**, fils du roi Louis XV.

2792. TERENCE. Publii Terentii Comœdiæ expurgatæ. Notes novissimis et argumentis illustravit Josephus Juvencius. Cum appendice de Diis et Heroïbus poëticis, ad omnium Poëtarum intelligentiam necessaria. Nova editio prioribus longéauctior et emendiatior. *Parisiis, Barbou,* 1717 ; in-12, mar. rouge, dos orn., fil., tr. dor. 100 fr.

Aux armes du **Dauphin**, fils du roi Louis XV.

2793. AUTRÊPE (Dr). Traité sur les principes de l'art d'écrire et ceux de l'écriture. *Paris, Durand,* 1759 ; in-fol., mar. rouge, dos orné, fil., tr. dor. 250 fr.

Ouvrage accompagné de 17 planches de modèles gravés.

Aux armes de Louis de Bourbon, duc de **Bourgogne**, frère ainé du roi Louis XVI.

2794. XENOPHON. La Retraite des Dix Mille de Xenophon, ou l'expédition de Cyrus contre Artaxerxes, de la traduction de Nicolas Perrot, sieur d'Ablancourt. *A Paris chez L. Billaine,* 1665 ; in-12, mar. rouge, dos orné, fil., doubl. de mar. rouge, large dent., tr. dor. (*Pasdeloup*). 500 fr.

Aux armes sur la doublure de Louis Auguste de Bourbon, duc du **Maine**.

2795. CHEVREAU. Œuvres meslées de Monsieur Chevreau. *La Haye, Moetjens,* 1697, 2 parties en un vol. in-12, mar. bleu, dos fleurdelisé, fil. tr. dor. 250 fr.

Aux armes de Louis Alexandre de Bourbon, comte de **Toulouse,** grand amiral de France.

2796. SENECTERRE (Mlle de). Orasie, *Paris, Ant. de Sommaville,* 1646 ; 4 vol. pet. in-8, veau brun. 50 fr.

Aux armes du Comte de **Toulouse** sur le dos de la reliure.

2797. GUICHARD. Cours de droit rural ou conférences villageoises. *Paris,* 1826 ; in-8, mar. rouge à longs grains, dos orn., large dent., tr. dor. 150 fr.

Aux armes de Louis Antoine d'**Artois,** duc d'Angoulême, fils de Charles X.

MAISONS SOUVERAINES ÉTRANGÈRES

2798. DESCRIZIONE delle feste celebrate in Parma l'anno 1769, per le auguste nozze di sua Altezza Reale archiduchessa Maria Amalia. *In Parma, Nella Stamperia Reale* (1769) ; in-fol., veau. 120 fr.

Cet ouvrage, l'un des plus beaux qui ait paru en ce genre, renferme un frontispice et 36 grandes planches (avec 39 sujets), représentant le tournoi, la foire chinoise, le feu d'artifice, les chevaliers en costumes de tournoi, et plusieurs vignettes, dessinées par *Petitot* gravées par *Volpato, Ravenet, Bossi* et autres.

Le texte italien est de Piciardi et la traduction française de Millot.

Aux armes de **Ferdinand Ier**, Infant d'Espagne.

2799. DRUMONT DE MELFORT (Cte). Traité sur la cavalerie. *Paris, G. Desprez,* 1776 ; 1 vol. de planches in-fol. max., mar. rouge, dos ornés, dent., tr. dor. 700 fr.

Second volume seul, contenant 32 planches doubles de *Blarenberghe,* gravées par *Macret, Ingouf, Levillain, Patas, Borgnet, Bonvalet, Aveline, Giraud-Duret, Dupuis, Prière, Rellier, Thiébaut, Duponchelle, Chatelain,* etc.

Aux armes de **Ferdinand Ier**, Infant d'Espagne.

2800. BARRE (P.). Histoire générale d'Allemagne. *Paris,* 1748 ; 11 vol. in-4, mar. olive, dos orné, fil., tr. dor. 350 fr.

Exemplaire de dédicace, tiré sur GRAND PAPIER, aux armes de Frédéric-Christian-Léopold, Electeur de **Saxe**, fils ainé de Frédéric Auguste III, Roi de Pologne.

Et de Livres anciens et modernes

2801. APIANUS (P.) et AMANTUS. Ins-criptiones sacrosanctæ vetustatis non illæ quidem Roma næ, sed totius fera orbis summo studio ac maximis impensis terra mari-que conquisitæ feliciter incipiunt. *Ingolstadii, in æd. P. Apiani,* 1534 ; in-fol., mar. rouge, dos orné, fil., tr. dor. (*Boyet*). 350 fr.

> Recueil d'inscriptions antiques d'Espa-gne, d'Italie, de Dalmatie et d'Allemagne, orné de figures gravées sur bois par *Os-tendorfer.*
> Le titre est coupé au cadre et remonté.
> Aux armes du Prince **Eugène de Savoie.**

2802. ARISTOTELES. Poética d'Aris-totele vulgarizata et sposta, par Ludovico Casteluetro. *Stampata in Vienna Austria, per Gas-par Stainhofer, l'anno del Signore* 1750 ; in-4, mar. rouge, dos orné, fil., tr. dor. 250 fr.

> Edition originale, rare, d'une traduction regardée comme le meilleur ouvrage de son auteur. Notre exemplaire possède les particularités suivantes : 1° La marque typographique du titre a été laissée en blanc et remplacée par le dessin à la plume de cette marque. — 2° La lettre historiee placée en tête de la dédicace est également dessinée à la plume. — 3° Plusieurs pas-sages sont corrigés anciennement et on lit au bas du premier feuillet : *corrigât juxta censura indicis expurgatorii Romani.*
> Aux armes du Prince **Eugène de Savoie.**

2803. MILIANO. Sommario Historico... di cose auvenute al Popolo Hebreo da che principio il Mondo, termine dell'ultima distruttione di Gierusa-lemme. Con la vita di Giesu Christo. *Bergamo, Comin Vintura.* 1593 ; in-4, fig., mar. rouge, chiffre sur le dos, fil., tr. dor. 250 fr.

> Nombreuses figures sur bois comprises dans des encadrements variés.
> Bel exemplaire aux armes du Prince **Eugène de Savoie.**

2804. RHODES (de). Divers Voyages et Missions du P. Alexandre de Rhodes en la Chine, et autres Royaumes de l'Orient, avec son retour en Europe par la Perse et l'Arménie. *Paris, Sébastien Cra-moisy,* 1653 ; in-4, mar. rouge, dos orné, fil., chiffre sur le dos, tr. dor. 500 fr.

> Bel exemplaire aux armes du Prince **Eugène de Savoie.**

2805. SCHÖNLEBEN (J.-L.). DISSER-TATIO POLEMICA de prima ori-gine Augustissimæ domus Habs-purgo-Austriacæ, in qua viginti diversae opiniones authorum venti-lantur et vera origo a Carolo magno imperatore, ejusque maioribus Franco-Germanus. *Labaci Mayr,* 1680 ; in-fol., front. grav., mar. rouge, dos orn., fil., chiffre sur le dos, dent. int., tr. dor. 450 fr.

> Aux armes du Prince **Eugène de Savoie.**

2806. SERLIO. Extraordinario libro di Architettura di Sebastiano Ser-lio, nel quale si dimostrano trenta parte di opera rustica mista con diversi ordini : et venti di opera dilicata di diverse specie con la scrittura davanti, chenarra il tutto. *Lione Giovan di Tournes,* 1551 ; in-fol., pl., mar. rouge, dos orn., fil., chiffre sur le dos, dent. int., tr. dor. 300 fr.

> 50 planches gravées en taille-douce.
> Très bel exemplaire aux armes du Prince **Eugène de Savoie.**

2807. ATHANASIUS (S.). Opera quad reperiuntur omnia... Graece nunc primum (ex Mss. Codd. Basil Can-tabrig. Palatt. et aliis) in lucem data cum interpretatione Latine Petri Nanni... *Ex. Officina Com-meliniana,* 1600-1601 ; 2 vol. in-fol., peau de truie estampée, ais de bois. 60 fr.

> Première édition des éditions des œuvres de saint Athanase en grec et en latin, pu-bliée par les soins de P. F. C. (Petr. Fel-ckmann Curonaeus).
> Aux armes de Georgius Rodolphus, duc ds **Silésie,** frappées à froid sur le tome I".

2808. SUÈDE. SUECIA ANTIQUA ET HODIERNA. *Holmiae* (1693-1714) ; 3 tomes en un vol. in-fol. obl., mar. rouge, dos orn., large dent., dent. int., tr. dor. 500 fr.

> Superbe ouvrage entrepris aux fr. is du roi de Suède par le comte Erie de Dalberg, comprenant 353 planches signées *Perelle, J. Marot, Le Pautre, F. Reits, W. Swilde, Aveelen,* etc, représentant des vues de villes, ports de mer, palais nationaux, objets d'antiquités suédoises : elles offrent plu-sieurs dessins et plans de bâtiments qui n'ont jamais été exécutés. Cet ouvrage de-vait posséder un texte latin par P. Lager-loff, qui, quoique imprimé, n'a jamais paru.
> BEL EXEMPLAIRE DE PRÉSENT, orné aux angles des plats des 3 couronnes de **Suède,** (Charles XII Roi de Suède).

AMATEURS DIVERS

2809. HISTOIRE (l') naturelle éclaircie dans deux de ses parties principales, la lithologie et la conchyliologie dont l'une traite des pierres et des coquillages, ouvrage dans lequel on trouve une nouvelle méthode et une notice critique des principaux auteurs qui ont écrit sur ces matières, par M*** (Dézalliers d'Argenville). *Paris, De Bure,* 1742 ; in-4, mar. rouge, fil., do-orn., tr. dor.   250 fr.

> Beau volume enrichi d'un frontispice de *Boucher* et de 32 planches gravées en taille-douce, reproduisant d'après nature les différents coquillages.
> Aux armes sur le dos et les plats de Henri François d'**Aguesseau**, Chancelier de France.

2810. LENFANT (Jacques). Histoire du Concile de Pise, et de ce qui s'est passé de plus mémorable depuis ce concile jusqu'au concile de Constance. *Amsterdam, P. Humbert,* 1724 ; 2 vol. in-4, veau, dos orné.   40 fr.

> Bel ouvrage orné de jolis portraits par *B. Picart* et *Houbraken.*
> Aux armes du Chancelier d'**Aguesseau.**

2811. MAUPERTUIS. Éléments de géographie, par M. de Maupertuis. Nouvelle édition. *Paris, Martin, Bapt. Coignard et Guérin,* 1742 ; in-8, mar. rouge, fil., dos orné, tr. dor.   100 fr.

> Aux armes du chancelier d'**Aguesseau.**

2812. RÉAUMUR. L'Art de convertir le fer forgé en acier, et l'Art d'adoucir le fer fondu ou de faire des ouvrages de fer fondu aussi finis que du fer forgé, par M. de Réaumur. *Paris, Brunet,* 1722 ; in-4, pl., mar. rouge, dos orné de masses et de coquilles, tr. dor.   250 fr.

> Dix-sept planches de *Bretez* et de *Simonneau,* gravées sur cuivre.
> Bel exemplaire sur GRAND PAPIER aux armes du Chancelier d'**Aguesseau.**

2813. CLOVIS, poème (Par Ignace Franç. de Limojon de Saint-Didier). *Paris, Pessot,* 1725 ; in-8, veau, dos orné.   20 fr.

> Aux armes de Louis-Joseph **Albert,** Prince de Grimberghem.

2814. PRÉCIS des Connoissances nécessaires pour la Mecanique, l'Hydraulique et les autres sciences relatives aux Arts. *S. l. n. d.* ; pet. in-12 ms. de 234 et 73 pp., mar. rouge, dos orné, fil., tr. dor. 150 fr.

> Manuscrit aux armes du Cardinal Paul d'**Albert de Luynes,** archevêque de Sens.

2815. RICHARD (Ch.-L.). La Défense de la religion, de la morale, de la politique et de la société. *Paris, Moutard,* 1775 ; in-8, mar. rouge, dos orné, fil., tr. dor.   120 fr.

> Bel exemplaire de dédicace aux armes du Cardinal Paul d'**Albert de Luynes.**

2816. BELLOY (de). Le Siège de Calais, tragédie, dédiée au roi, suivie de notes historiques. *Paris, Duchesne.* 1765 ; in-8, mar. vert, dent. et gardes de pap. dor., dos orn., pièces d'armes aux angles des plats, fil., tr. dor.   125 fr.

> Aux armes de Marie-Charles-Louis d'**Albert de Luynes.**

2817. DESMARETS (J.). Clovis ou la France chrestienne. Poème héroïque. *Paris, A. Courbé,* 1657 ; in-4, fig., veau fauve, dos et plats ornés, tr. dor.   100 fr.

> Ouvrage illustré de 26 estampes par *Bosse,* il est orné dans le texte et sur les planches de NOMBREUX CHIFFRES ENTRELACÉS gravés sur bois et sur cuivre, d'après les dessins de *Armand Desmarets,* frère de Jean, auteur d'un recueil de chiffres publié en 1664.
> Aux armes de Henry-Louis d'**Aloigny,** marquis de Rochefort, maréchal de France.
> Le dos et les plats de la reliure sont semés de chiffres formés des lettres A. D. R. enlacées, et surmontés d'une couronne de marquis.
> Manque le frontispice et le portrait de Louis XIV.

2818. CHÉRUBIN. Le dioptrique oculaire ou la théorique, la positive et la méchanique de l'oculaire dioptrique en toutes ses espèces, par le Père Chérubin d'Orléans (Fr. Lassère). *Paris, Jolly et Bernard,* 1671 ; in-fol., front. et fig., mar. rouge, dos orné, doubl. encad. de fil. à la Duseuil, tr. dor. 150 fr.

> Aux armes du Cardinal **Altieri,** qui fut plus tard Pape sous le nom de Clément **X.**

Et de Livres anciens et modernes

2819. HOUARD. TRAITÉ SUR LES COUTUMES ANGLO-NORMANDES, qui ont été publiées en Angleterre, depuis le XIe jusqu'au XIVe siècle ; avec des remarques sur les principaux points de l'histoire et de la jurisprudence françaises, antérieures aux établissements de Saint-Louis. *Paris*, 1775 ; 4 vol. in-4, mar. rouge, dos orn., fil., tr. dor. (*Derôme*). **700 fr.**

JOLI PORTRAIT DE LOUIS XVI, gravé par *Lemire* d'après *Duplessis.*
Aux armes de Antoine-Jacques **Amelot du Chaillou**, ministre de Louis XVI.

2820. PLINIUS. Caii Plinii secundi Historiæ naturalis libri XXXVII. Quos interpretatione et notis illustravit Joannis Harduinis. *Parisiis, Coustelier*, 1723 ; 2 tomes en 3 vol. in-fol., mar. rouge, dos orn., fil., tr. dor. **300 fr.**

Aux armes de Antoine Jacques **Amelot du Chaillou.**

2821. LEÇONS de morale, de politique et de droit public, puisées dans l'histoire de notre monarchie ; ou nouveau plan d'étude de l'Histoire de France, rédigé par les ordres et d'après les vues de feu M. le Dauphin, pour l'instruction des Princes ses enfants (par J.-N. Moreau). *Versailles*, 1783 ; in-8, veau fauve, dos orn. **30 fr.**

Aux armes sur le dos de la reliure de Charles-Claude **Andrault**, marquise de Langeron.

2822. MAIMBOURG (Louis). Histoire du Calvinisme. *Paris, Séb. Mabre-Cramoisy*, 1686 ; in-4, veau, dos orn., large dent., tr. dor. **15 fr.**

Aux armes de François d'**Argouges**. Evêque de Vannes.

2823. JARDINS. Théorie des jardins par J.-M. Morel). *Paris, Pissot*, (1776) ; in-8, mar. rouge, dos orn. fil., fleurons d'angles, tr. dor. **120 fr.**

Bel exemplaire aux armes de Louis-Marie-Augustin, duc d'**Aumont.**

2824. CHRONOLOGIE DES SOUVERAINS PONTIFES. Empereurs, Roys, Princes, Grands Seigneurs et Hommes illustres dès le commencement du monde jusqu'en l'an 1622. *A Pa-*

ris, chez Abdias Buizard, 1622 ; in-fol., portraits, mar. rouge, chiffres sur le dos, fil et comp. à la Du Seuil, tr. dor. **450 fr.**

Important ouvrage connu sous le nom de *Chronologie collée.* Il renferme 21 chapitres différents donnant les portraits gravés, des patriarches, faux-dieux, empereurs, papes, rois, reines et princesses, personnages illustres, etc.
Aux armes du Baron Nicolas de **Balathier-Lantage.**

2825. ROME. Splendore dell Antice e moderna Roma nel quale si rape presentano .. da G. A. Suizzero da Lucerna. *In Roma, Andrea Fei*, 1641 ; in-4 obl., vélin blanc, dos orn., dent., angles orn. à l'évantail. **150 fr.**

Troisième édition de « Antiquae urbis splendor. de Jacobi Lauri » ; elle contient le titre décrit ci-dessus et un avis de l'auteur imprimé, le portrait de Urbain VIII, un frontispice, 166 planches et une table gravés.
Exemplaire de dédicace aux armes de Maffeo **Barberini**, pape **Urbain VIII**.

2826. RECUEIL de pièces choisies, tant en prose qu'en vers. *La Haye, Van-Lom, P. Goss et Albers*, 1714 ; 2 vol. in-12, veau, dos orn. **15 fr.**

Voyage de Chapelle et Bachaumont. — Lettre de Racine. — Poésies du chevalier d'Accilly. — Avis à Ménage. — La satire des satires par Boursault. — Relation des campagnes de Rocroi et de Fribourg. — Les Visionnaires par Desmarets, etc.
Aux armes de Léonard **Bathéon de Vertrieu.**

2827. CROISET. Réflexions chrétiennes, sur divers sujets de morale, utiles à toutes sortes de personnes, et particulièrement à celles qui font la Retraite spirituelle un jour chaque mois, par le Père Jean Croiset. Dernière édition. *A Paris, chez Charles Huart*, 1723 ; 2 vol. in-12, mar. rouge, dos orné, fil., doublés de mar. citron, large dent., tr. dor. **250 fr.**

Aux armes de l'Électeur Clément-Auguste de **Bavière**, Archevêque de Cologne.

2828. BREVIARIUM parisiense Pars Autumnalis. *Parisiis*, 1745 ; 2 vol. in-8, mar. rouge, dos orn., fil., tr. dor. **60 fr.**

Aux armes de Christophe de **Beaumont**, archevêque de Paris.

Achat de Bibliothèques

2829. LUCIFERI episcopi Calaritani ad Constantium, Constantini Magni F. Imp. Aug. Opuscula. *Parisiis, apud Michæelem Sonnium*, 1568 ; pet. in-8, vélin blanc, fil. et dent., tr. dor.   60 fr.

Aux armes du Cardinal Robert **Bellarmin.**

2830. LIVIUS. Histoire romaine de Tite-Live (avec les suppléments de J. Freinshemius) traduite par M. Guérin. *Paris, Louis Dupuis*, 1739-1740 ; 7 vol. in-12, mar. bleu, dos orn., fil., gardes de pap. étoilé d'or, tr. dor. (*Derome*).   200 fr.

Bel exemplaire ne contenant que 7 vol. sur 8. Manque le tome Ier de la première décade.
Aux armes de Henri-Camille, Marquis de **Beringhen.**

2831. BOUILLART (Dom Jacques). Histoire de l'Abbaye royale de Saint-Germain-des-Prez contenant la vie des Abbez qui l'ont gouvernée depuis sa fondation : les hommes illustres qu'elle a donnez à l'Eglise et à l'Etat : les privilèges accordez par les Souverains pontifes et par les Evêques, etc. Avec la description de l'église, des tombeaux et de tout ce quelle contient de plus remarquable, par Dom Jacques Bouillart. *A Paris chez Grégoire Dupuis*, 1724 ; in. fol., pl., fig., veau, fil.   40 fr.

Bel exemplaire en GRAND PAPIER.
Aux armes de Samuel **Bernard,** Comte de Coubert, Marquis de Méry.

2832. ESSAI sur le commerce de Venise (par J.-P. Roma). *Paris, Le Mercier*, 1729 ; in-12, mar. rouge, dos orné, fil., tr. dor. 75 fr.

Aux armes de Samuel **Bernard.**

2833. BELLIN. Le Petit Atlas maritime. Recueil de cartes et plans des quatre parties du Monde en cinq volumes... par ordre de M. le Duc de Choiseul, par le S. Bellin, ingénieur de la marine. *S. l. (Paris)*, 1764 ; 5 vol. in-4, mar. rouge, dos orn., fil., fleurons d'angles, tr. dor.   800 fr.

TRÈS BEL EXEMPLAIRE aux armes de H.-L.-J. **Bertin,** Lieutenadt-général de police.

2834. VAUSENVILLE (Rohberg-Herr de). Essai physico-géométrique. *Paris, Merigot*, 1778 ; in-8, mar. rouge, dos orn., fil., coins orn., tr. dor. (*Derome*).   75 fr.

Aux armes de H.-L.-J. **Bertin,** Lieutenant général de police.

2835. ÉTAT DU RÉGIMENT des Gardes françaises pour la revue du Roy en l'année 1771. *S. l. n. d ;* in-8 de 21 ff., mar. rouge, fil., dos orné, tr. dor.   150 fr.

Etat manuscrit, le titre est dans un encadrement dessiné à la plume.
Aux armes de **Boffin de la Sone,** Lieutenant-colonel des gardes françaises.

2836. SFORZA. Della Institutione della Vergine consacrata a Dio, del S. Mutio Sforza. Libri tre. *Vinegia, presso Altobello Salicato*, 1589 ; pet. in-8, fig. sur bois, veau brun, bandes d'entrelacs et riches comp. de fil. en spirale avec fers azurés et ornements allégoriques, tr. dor. et ciselée (*Rel. du XVIe siècle*). 400 fr.

Au milieu des plats, et parmi les ornements, des dragons ailés, pièces d'armes de la famille **Boncompagni,** de Bologne.

2837. TESTAMENT. L'Histoire du vieux et du nouveau testament, représentée avec des figures et des explications édifiantes tirées des saints pères... par feu M. le Maistre de Sacy, sous le nom du sieur de Royaumont. *Paris, Moreau*, 1723 ; in-fol., mar. rouge, dos orn. de tours, tr. dor.   400 fr.

Orné au recto de chaque page d'une planche en taille douce représentant des scènes de la Bible.
Texte encadré d'un double filet. Légères mouillures.
Aux armes de **Bonnier de la Mosson,** Maréchal des camps et logis.

2838. RECHERCHES et considérations sur les finances de France depuis 1595 jusqu'en 1721 (par Fr. Viron de Forbonnais). *Liège*, 1758 ; 6 vol. in-12, mar. citron, dos orn., fil., tr. dor.   120 fr.

Bel exemplaire de cet ouvrage estimé.
Aux armes d'un membre de la famille **Boucot.**

Et de Livres anciens et modernes

2839. VELLY, VILLARET et GAR-
NIER. Histoire de France, depuis
l'établissement de la Monarchie
jusqu'au règne de Louis XIV.
Paris, Desaint et Saillant, 1757-
1774 ; 24 vol. in-12, mar. rouge,
dos ornés, fil., tr. dor.   **400 fr.**

> Quelques taches. Différence dans les fers
> du dos.
> Aux armes de Jean de **Boullongne.**

2840. LINTOT (Mme de). Histoire de
Mademoiselle de Salens, par Madame ***. *La Haye, Neaulme,* 1760 ;
2 vol. in-12, mar. rouge, fil., dos
ornés, tr. dor.   **175 fr.**

> Aux armes de la famille de **Boulogne,**
> en Artois.

2841. FLEURIEU (Eveux de). Voyage
fait par ordre du Roi en 1768
et 1769, à différentes parties du
monde, pour éprouver en mer les
Horloges marines inventées par M.
Ferdinand Berchoud. *Paris, Imprimerie Royale,* 1773 ; 2 vol. in-4,
fig., mar. rouge, filets, dos orné,
tr. dor.   **300 fr.**

> Aux armes de **Bourgeois de Boy-
> nes,** ministre de la Marine.

2842. BIBLIA SACRA ad optima quac-
que veteris, ut vocant, tralatio-
nis exemplaria summa diligentia,
parique fide castigata. *Lugduni,
apud Joan. Tornaesium,* 1554 ;
in-8 réglé de VIII-1152 pp. et 38 ff.
pour les index, avec 198 figures
gravées sur bois par le Petit-Ber-
nard, mar. rouge, dos orné, ornem.
mosaïque de mar. vert avec semis
de fleurs de lis, dorure à petits fers
et au pointillé sur les plats, tr. dor.
(*Rel. du XVIe siècle*).   **700 fr.**

> Exemplaire au chiffre de Claude **Bou-
> thillier,** Comte de Chavigny, sur le dos
> de la reliure.
> Reliure de *Florimond-Badier,* Emule
> de *Le Gascon.*

2843. BOULAINVILLIERS (Comte de).
Histoire des Arabes, avec la vie de
Mahomet. *Amsterdam, P. Humbert,* 1731 ; 2 tomes en 1 vol. in-12,
veau fauve, dos orné.   **8 fr.**

> Aux armes de L. L. F. duc de **Bran-
> cas,** Comte de Lauraguais.

2844. DIGESTORUM seu pandectarum
libri quiquagenta ex florentinis
pandectis reprœsentati. *Florentiae
In off. Laurentii Torrentini Du-*

calis typographi, 1553 ; 3 vol. in-
fol., mar. rouge, fil., dos ornés,
tr. dor.   **250 fr.**

> Aux armes de L. L. F. duc de **Bran-
> cas,** Comte de Lauraguais.

2845. AMOURS (Les) de Madame
d'Elbeuf. Nouvelle historique. Contenant plusieurs anecdotes du Cardinal de Richelieu. *Amsterdam,
Westein et Smith,* 1739 ; in-12,
veau brun, dos à la grotesque et
dent. sur les plats frappés à froid,
tr. dor. (*Ducastin*).   **40 fr.**

> Volume fort rare.
> Aux armes de Edmond de **Breuilly.**

2846. ARSENIUS. Scholia græce in
septem Euripidis tragœdias ex
antiquis exemplarib. ab Arsenio
archiepiscopo Monembasiæ collecta,
nuncque denuo multo quàm antea
emendatiora in lucem edita. *Ba-
silæ, per Joannem Hervagium,*
1544 ; in-8, veau fauve, comp. de
fil., tr. dor.   **25 fr.**

> Bel exemplaire aux armes de Jean de
> **Brinon de Villaines** et au chiffre
> de Florent **Chrestien,** précepteur
> de Henri IV, avec sa devise : *Espoir me
> tourmente,* et sa signature sur le titre.
> Gloses marginales manuscrites.

2847. VELLY. Histoire de France
depuis l'établissement de la monarchie jusqu'au règne de Louis XIV,
par MM. Velly, Villaret et Garnier.
A Paris, chez Desaint et Saillant.
1757-1786 ; 29 vol. in-12, mar.
rouge, dos orné, fil., tr. dor. 250 fr.

> Les 5 derniers vol. sont sans armes.
> Bel exemplaire aux armes de L. P.
> **Brulart,** marquis de Sillery, gouver-
> neur d'Epernay.

2848. BIBLE. Histoire des ouden en
nieuwen testaments, verrykt met
meer dan vierhonderds printver-
beeldingen in koper gesneeden.
T'Amsterdam, by Pieter Mortier,
1700 ; 2 vol. in-fol., mar. fauve,
dent., dos ornés.   **200 fr.**

> Frontispices, fleurons, vignettes, 214
> planches, 28 culs-de-lampe et 5 cartes.
> Illustrations par *Elgers, Goerée, Picart,*
> etc., gravées par *de Bléis, Later, Mulder,*
> etc.
> Aux armes du Comte Henri de **Ca-
> lenberg.**

2849. NAUDIN. L'Ingénieur françois,
contenant la géométrie pratique,
sur le papier et sur le terrain, avec
le toisé des travaux et des bois ;
la fortification régulière et irrégu-

lière ; sa construction effective : l'attaque et la défense des places. Avec la méthode de M. de Vauban, par M. N*** (Naudin). *Lyon, Jacques Certe*, 1738 ; in-8, mar. vert olive, dos orné, fil., tr. dor. 180 fr.

> 25 planches démonstratives gravées sur cuivre.
> Aux armes du Comte Henri de **Calenberg**.

2850. TESTAMENT politique du maréchal duc de Besle-Isle (par Ant. Chevrier). *Amsterdam(Paris)*, 1761 ; in-12, mar. citron, dos orné; fil., tr. dor. 70 fr.

> Aux armes du Comte Henri de **Calenberg**.

2851. GUICHARD. Funérailles et diverses manières d'ensevelir des Romains, Grecs, et autres nations, tant anciennes que modernes, décrites par Claude Guichard. *Lyon, Jean de Tournes*, 1581 ; in-4. fig., mar. vert, milieux de feuillages, ornés au centre d'un soleil, dos orné de coquilles et de marguerites, double rangée de fil., milieux, tr. dor. (*Rel. du XVIe siècle*). 350 fr.

> Ouvrage orné de figures sur bois (l'une d'elles, p. 179, est signée *Cruche inv.*) et de très jolies lettrines du goût le plus parfait. Le titre est également orné d'un encadrement sur bois.
> Très bel exemplaire, grand de marges, dans sa reliure originale sur les plats de laquelle on a frappé postérieurement les armes de Charles de **Castillan**, abbé de Saint-Epvre.

2852. PLAUTE. M. Accii Plauti Comediae, ex recensione Joach. Camerarii, opera Joan. Sambuci, cum observationibus variorum. *Antuerpiae, Christoph. Plantini*, 1566 ; in-18, mar. rouge, dos orné, fil., tr. dor. 150 fr.

> Aux armes de Charles de **Castillan**, abbé de Saint-Epvre.

2853. RELATION du voyage de Sa Majesté Britannique en Hollande et de la réception qui luy a été faite, enrichie de planches très curieuses. *La Haye, Arnout Leers*, 1692 ; in-fol., veau brun, dos orné. 100 fr.

> Orné d'un frontispice, 1 portrait et 14 planches gravés.
> Aux armes de Louis-Urbain Le Fevre de **Caumartin**, marquis de Saint-Ange.

2854. HELVETIUS. Mémoires instructifs sur l'usage de différents remèdes spécifiques pour les armées du Roy et les malades de la Campagne. *Paris, Pierre Le Mercier*, 1705 ; in-12, mar. rouge, dos orn., fil., fleurons d'angles, tr. dor. (*Rel. anc.*). 150fr.

> Exemplaire de dédicace aux armes de Michel de **Chamillart**.
> *Mouillures.*

2855. JAILLOT (Hubert). Atlas français contenant les cartes géographiques dans lesquelles sont très remarquez les empires, monarchies, royaume et estats de l'Europe, de l'Asie, de l'Afrique et de l'Amérique : avec les tables et cartes particulières de France, de Flandre, d'Allemagne, d'Espagne et d'Italie. *Paris, Jaillot*, 1695 ; 2 vol. in-fol., mar. rouge, pièces d'armes sur le dos, doubl. encad. de fil. à la Du Seuil, tr. dor. (*Rel. anc.*). 1.200 fr.

> Deux jolis titres gravés par *Dieu*, et 155 cartes ou tableaux gravés, ornés de jolis cartouches formant de beaux motifs d'ornements.
> Au armes de Michel **Chamillart**.

2856. MISSAE pontificales una cum officio adritus sacrorum ordinum... *Parisiis*, 1637 ; pet. in-fol., mar. rouge, dos orn., fil., tr. dor. 300 fr.

> Aux armes d'un membre de la famille **Chamillart**, archevêque.

2857. CAUSEI DE LA CHAUSSE. Le Gemme antichi figurate di Michel Angelo Causeo de la Chausse Parigino. *In Roma, G. K. Boeme*, 1700 ; in-4, mar. rouge, dos orn., fil., tr. dor. 100 fr.

> Bel exemplaire de cet ouvrage orné de 200 gravures.
> Aux armes de Ch.-Fr.-G., Marquis de **Chanaleilles**.

2858. OZANAM. Dictionnaire mathématique. *Paris, Estienne Michallet*, 1691 ; in-4, fig., mar. rouge, filets, dos orn. à petits fers, tr. dor. 100 fr.

> Aux armes de Ch.-Fr.-G., Marquis de **Chanaleilles**.

2859. BARONIUS ET RAYNALDI. Annales ecclesiastici, a Christo nato ad annum 1198. *Romae*, 1588-1607 ; 12 vol. — Annales ecclesiastici post Baronium, ab. ann. 1198 ad 1565. *Romae*, 1646-1677 ; 9 tomes en 10 vol. — Ens.

Et de Livres anciens et modernes

22 vol. in-fol., mar. rouge. dos orné, fil., tr. dor.   800 fr.

> Aux armes de J.-J. **Charron**, Marquis de Ménars
> Les deux derniers volumes sont en veau avec sur le dos les pièces d'armes de ROHAN-SOUBISE.

2860. BIBLE. Vetus testamentum græcum juxta septuaginta, ex auctonitate Sixti V éditum (Studio Ant. Caraffae cardinalis cum præfat Petri Morini). *Romoe ex typographia Francesci Zanetti*, 1587 ; in-fol., mar. rouge, fil. à la Duseuil, dos orné, tr. dor.   300 fr.

> Texte grec imprimé sur deux colonnes Édition rare et recherchée.
> Aux armes de J.-J. **Charron**, Marquis de Ménars.

2861. CRITICI SACRI : sive doctissimorum virorum in ss. Biblia annotationes et tractus. *Londres*, 1660-1661 ; 10 vol. in-fol., mar. rouge. dos orn., fil., tr. dor. 500 fr.

> Les 2 premiers volumes sont seuls aux armes de J.-J. **Charron**, Marquis de Ménars.

2862. **Sicanicarum** recrum compendium Maurolyco abbate Siculo authore. *Messianæ in Frelo Siculo, Petrus Spira*, 1562 ; pet. in-4, mar. rouge, fil., tr. dor.   80 fr.

> Bel exemplaire aux armes et au chiffre de **Charron**, marquis de Ménars. Sur des feuillets ajoutés se trouvent d'intéressantes notes manuscrites complémentaires sur les événements arrivés en Sicile de 1510 à 1560.

2863 AGUESSEAU (d'). Œuvres de Monsieur le Chancellier d'Aguesseau. Tome premier contenant les discours pour l'Ouverture des Audiences, les Mercuriales, etc... *A Paris*, 1759; in-4. port., mar. rouge, dos orné, fil., tr, dor.   100 fr.

> Aux armes de Etienne-François, duc de **Choiseul**, Comte de **Stainville**.

2864. ROBERSTON. L'histoire du règne de l'empereur Charles-Quint. Ouvrage traduit de l'anglais (par J.-B.-A. Suard). *Amsterdam et Paris*, 1771 ; 2 vol. in-4. veau fauve, dos orn., fil., dent. int , tr. dor.   50 fr.

> Aux armes de Étienne-François, Duc de **Choiseul**, Comte de **Stainville**.

2865. DICTIONNAIRE ECCLÉSIASTIQUE et canonique portatif ou Abrégé méthodique de toutes les connoissancse nécessaires aux Ministres de l'Eglise, par une Société de Religieux et de Juriconsultes (par dom J.-F. de Brezillac). *Paris*, 1765; 2 vol. in-12, mar. rouge, dos orné, fil., tr. dor. 200 fr.

> Aux armes de Léopold-Charles de **Choiseul**, archevêque de Cambrai.

2866. HORSTIUS. Paradisus animæ christianæ Lectissimis omnigenœ pietatis deliciis amœnus. Studio et opera Jacobi Merlo Horstii. *Coloniæ Balth. ab Egmont*, 1716 ; pet. in-12, mar. vert, dos orné, large dent., tabis, tr. dor.   50 fr.

> Fronstispice et figures en taille-douce. Aux armes, sur le dos de la reliure de Léopold-Charles de **Choiseul**, abbé de S. Arnould, de Metz.

2867. PROCÈS-VERBAL de l'assemblée générale extraordinaire du clergé de France, tenue à Paris, au couvent des Grands-Augustins, en l'année 1762, Monsieur l'abbé de Broglie, secrétaire. *Paris, Desprez*, 1768 ; in-fol., mar. rouge, dos orn.   150 fr.

> Aux armes de Léopold-Charles de **Choiseul**, archevêque de Cambrai.

2868. MÉMOIRE dressé par ordre de M. le duc de Praslin, secrétaire d'Etat et ministre de la Marine, sur Saint-Domingue, par J. Rolland, ancien capitaine d'artillerie et ingénieur du roy. *Paris*, 1766 ; mss. in-4 de 268 pp., mar. rouge, très larges dentelles à petits fers sur les plats, dos orné, dent. int., tr. dor.   1.200 fr.

> Manuscrit de dédicace dans une très jolie reliure ornée de larges dentelles à petits fers. Armes mosaïquées de César-Gabriel de **Choiseul**, duc de **Praslin**.

2869. LE BEAU (C.). Opera latina d. Caroli Lebeau, in Collegio olim Gratsineo Eloquentiae necnon in Regio Professoris, Regiæ Litterarum et Inscriptionum Academiæ à Secretis. *Parisiis Morin et Nyon*, 1782-1785 ; 4 vol. in-8, mar. vert, fil., dos ornés, tr. dor.   150 fr.

> T. 1. Carmina. II. Fabulæ. III. Orationes. IV. Parallèle curieux des fables en vers latins de M Lebeau, avec celles de Lafontaine. Portrait.
> Aux armes de la Famille **Chuppin**, dont un membre un Echevin en 1639.

Achat de Bibliothèques

2870. CONNAISSANCE des temps, ou Connaissance des mouvements célestes pour l'année bissextile 1784... *Paris, Imprimerie Royale*, 1781 ; pet. in-8, mar. rouge, filets, dos orné, tr. dor. (*Rel. anc.*). 100 fr.

Aux armes du chevalier Charles-Pierre **Claret de Fleurieu**, avec son ex-libris.

2871. CICÉRON. Marci Tullii Ciceronis. Opera, quae supersunt, omnia, cum asconio et scoliasti veteri ; ac notis integris P. Victorii, J. Camerarii, F. Ursini... *Amstelædami, Wetstenios*, 1724 ; 4 vol. in-4, mar. rouge, dos orn., fil., fleurons d'angles, tr. dor. 300 fr.

Édition estimée, elle a pour base le texte de Gruter.
Aux armes de J.-A. **Claret-Delatourette**, Prévost des marchands de Lyon.

2872. ANGELUS (Chr.). De statu hodiernorum Græcerum enchiridion Christophori Angeli græci..., cùm versione latinâ è regione positâ et annotationibus multô quàm antehac locupletioribus curâ Georgi Flehlavii. *Lipsiæ, Johannis Grossi*, 1676 ; in-4, mar. rouge, dos orn., fil. 150 fr.

Ouvrage estimé.
Aux armes de Jean-Baptiste **Colbert**.

2873. BARROMEUS. Acta Ecclesiæ Mediolanensis. *Mediolani*, 1599 ; 2 vol. in-fol., mar. rouge, dos orn., fil. 300 fr.

Édition recherchée.
Aux armes de J.-B. **Colbert**.

2874. CLÉMENT. Divi Clementis Recognitionum libri X ad Jacobum fratrem domini, Rufino Torano aquileiense interprete. Cuit accessit non poenitenda epistolarum pars vetustissimorum episcoporum. *In inclita Germaniæ Basilea*. (In fine :) *Basileæ, apud Joan. Bebelium, an* MDXXVI (1526) *mense augusto* ; pet. in-fol., mar. rouge, dos orné, fil. 150 fr.

Aux armes de J.-B. **Colbert**.

2875. CONCILE DE CONSTANCE. Acta scitu dignissima docte qz côcinnata Constantiensis concilii celebratissimi. (*A la fin :*) Acta t decreta generalis côcilii Constañ, diligent elaborata t impessa in imperiale oppido Hage-

now p industriũ henricum Brantinibi incolam. Expēsis puidi viri Johis Rynmain, finiunt feliciter Anno salutis nostre Millesimo q̃ngentesimo, die XI, mensis Aprilis (1500) ; pet. in-4 goth., mar. rouge, dos orn., fil. 200 fr.

Première édition des actes abrégés du Concile de Constance, tels qu'ils furent dressés en 1442 par ordre du Concile de Basle. (Lenfant. Histoire du Concile de Constance).
Bel exemplaire aux armes de J.-B. **Colbert**.

2876. CONCLAVI de' Pontefici romani. Quali si sono potuti trovare fin à questo giorno. *S. l. (Amsterdam)*, 1668 ; un tome en 2 vol. pet. in-12, front., mar. rouge, dos orné, fil., tr. marb. 120 fr.

On a relié à la suite : Conclave fatto per la sede vacante d'Alessandro VII, nel quale fu creato pontefici il cardinale Guillo Rospigliori, 1669. Haut. : 130 mm
Bel exemplaire aux armes de J.-B. **Colbert**.

2877. FLORENCIS (Fr.). Opera juridica, studio J. Doujatii Ant. Paris. *Paris, J. de la Caille*, 1679 ; 2 vol. in-4, mar. rouge, dos orn., fil., tr. dor. 125 fr.

Aux armes de J.-B. **Colbert**.

2878. GALLANDIUS. Petri Castellani magni franciæ ellemosynarii vita, auctore Petro Gallandio regio latinarum literarum professore. Stephanus Baluzius Tutelensis nunc primum edidit et notis illustravit. *Parisiis, apud Franciscum Muguet*, 1674 ; in-8, mar. rouge, filets, dos orné, tr. dor. 400 fr.

A la suite de cet ouvrage se trouve celui de P. Du Chastel : *Le Trespas, Obsèques et Enterrement de trespuissant, et tres-magnanime François, par la grâce de Dieu, Roy de France, treschrestien premier de ce nom, prince clément, pere des ars et des sciences. Les deux sermons prononcez esdictes obseques : l'ung à Nostre Dame de Paris, l'autre à Sainct Denys en France. Par Pierre Du Chastel, Euesque de Mascon.*
Bel exemplaire aux armes de J.-B. **Colbert**.

2879. GRETSERUS (Jacob). De Sacris et religiosis peregrinatinibus libri quator. Ejusdem de catholica ecclesia processionibus seu supplicationibus libri duo. Quibus adjuncti de voluntaria flagellarum cruce, seu de disciplinarum usu libri tres. *Ingolstadii, ex typogr. Adami Sar-*

torii, 1606 ; 2 tomes en un vol. in-4, mar, rouge, dos orné, fil. 130 fr.

Frontispice et figures gravés sur cuivre. Bel exemplaire aux armes de J.-B. **Colbert.**

2880. LANGHORN (Dan.). Elenchus antiquitatum Albionensium, Britannorum, Scotorum, Danorum, Anglosaxonum, etc. Origines et Gesta usque ad annum 449 quo Angli in Britanniam immigrarunt explicans, una cum brevi Regum Picticorum Chronicon. *Londini, Took*, 1673 ; pet. in-8, mar. rouge, dos orné, fil., tr. dor. 70 fr.

Aux armes de J.-B. **Colbert.**

2881. LOAISA (Gar.). Collectio conciliorum Hispaniæ, diligentia Garsiæ Loaisa elaborata, ejusque vigiliis aucta. *Petrus Madrigal*, 1593 ; pet. in-fol., mar. rouge, fil., dos orné. 120 fr.

Aux armes de J.-B. **Colbert.**

2882. LUPI. Epistolæ et vita divi Thomæ martyris et archiepiscopis Cantuariensis. Nec non epistolæ Alexandri III pontificis, Galliæ regis Ludovici septimi. Opera et studio F. Christiani Lupi, Iprensis. *Bruxellis, typ. E. H. Fricx*, 1682 ; 2 vol. in-4, mar. rouge, dos orné, fil. 150 fr.

Bel exemplaire aux armes de J.-B. **Colbert.**

2883. MAIMBOURG. Histoire du pontificat de S. Grégoire le Grand par M. Maimbourg. *Paris, Claude Barbin*, 1686 ; in-4, mar. rouge, fil., dos orné, tr. dor. 200 fr.

Frontispice, vignettes et culs-de-lampe. Exemplaire en GRAND PAPIER aux armes de J.-B. **Colbert.**

2884. PALATIUS. Aquila Saxonica, sub qua imperatores saxones ab Henrico Aucupe, usque ad Henricum sanctum.... auctore Joanne Palatio. *Venetiis, J.-J. Herz*, 1673 ; in-fol., mar. rouge, dos orn., fil., dent. int. tr. dor. 150 fr.

Ouvrage illustré de figures et de portraits gravés en taille-douce. Bel exemplaire aux armes de J.-B. **Colbert.**

2885. PHÈDRE. Phædrus. Fabularum æsopiarum libri V. Interpretatione et notes illustravit Petrus Danet. *Parisiis, Fr. Léonard*, 1675 ; in-4, mar. rouge, dos orné, doubl. enc. de fil., tr. dor. (*Du Seuil*). 100 fr.

Aux armes de J.-B. **Colbert.**

2886. RUMELINI (Martini). Dissertationes academicæ ad Auream bullam Caroli IV, imperatoris... Additionibus plurium controvertiarum... Editio tertia correctior... studio Nicolaï Myleri. *Stuttgardiæ, W. Rosslini*, 1555 ; in-4, mar. rouge, dos orné, fil., tr. dor. 100 fr.

Aux armes de J.-B. **Colbert.**

2887. THOU (de). Histoire universelle de Jacques-Auguste de Thou, depuis 1543 jusqu'en 1607, traduite sur l'édition latine de Londres (par l'abbé A.-F. Prévost, l'abbé P.-F. Guyot Desfontaines, l'abbé S.-B. Le Mascrier, Jacq. Adam, Ch. Le Beau, l'abbé Nic. Le Duc et le P. J.-Cl. Fabre, avec une nouvelle préface par Georgeon). *Londres (Paris)*, 1734 ; 16 vol. in-4, veau marb., dos orn., fil. 500 fr.

Bel exemplaire aux armes de J.-B. **Colbert.**

2888. VERELIUS (Ol.). Manuductio compendiosa ad runographiam scandicam antiquam, recte intelligendam. *Upsalæ, H. Curio*, 1675 ; in-4, veau fauve, dos orn., fil. 40 fr.

Aux armes de J.-B. **Colbert.**

2889. VERSAILLES. Relation de la feste de Versailles du 18 juillet 1668 (par Félibien). *Paris, Imp. Royale*, 1679 ; in-fol., veau, dos orn., fil. 15 fr.

43 pp. de texte, et 5 planches gravées par *Lepautre*. Les planches sont remontées. Mouillures. Aux armes de Jacques - Nicolas **Colbert**, archevêque de Rouen.

2890. MONTANUS. Humani generis amatori Deo liberalissimo sac. Divinar : Nuptiarum conventa et acta. Ad piorum admonitionem a Philip. po Gallaeo. Areis tabul. incisa Bened. Ar. Mont. accinente. *Antverpiæ*, 1573 ; 2 part. en un vol. in-4 oblong réglé, mar. rouge,

Achat de Bibliothèques

fil., semis sur le dos et les plats, tr. dor. (*Rel. du XVIe siècle*). 500 fr.

> Orné de 80 belles planches en taille-douce : la plupart portent le monogramme de *J. Wierix*.
> Curieuse reliure dont les plats sont ornés d'un semis de crequiers et d'hermines, emblème d'un membre de la famille de **Crequy**. Au centre des plats un médaillon avec la devise OBPIMΩΣ.
> Quelques feuillets un peu rongés dans le haut.

2891. AMADIS DE GAULE. Le premier (à douzième) Liure de Amadis de Gaule, qui traicte de maintes adventures d'armes et d'amours, qu'eurent plusieurs chevaliers et dames, tant du royaulme de la grand Bretaigne, que d'aultres pays : traduit nouuellement d'Espagnol en Francoys par le seigneur des Essars Nicolas de Herberay. *Nouuellement imprimé à Paris par Denys Janot*, 1540 - 1556 ; 12 part. eu 6 vol. pet. in-fol , pap. réglé, fig. sur bois, mar. vert olive, compart. de fil., coins et dos ornés de dorures au pointillé, dent. int., tr. dor. (*Le Gascon*). 6.000 fr.

> Première édition des douze premiers livres des *Amadis*, en français, les seuls qui aient été imprimés dans ce format ; elle est très rare. On a ajouté : LE TREIZIÈME LIVRE D'AMADIS DE GAULE. *Paris, Breyer*. s. d. (1571), pet. in-4, fig., sur bois, rel. veau jaspé, qui complète l'ouvrage.
> Superbe exemplaire d'un livre extrêmement rare dans cet état.
> Merveilleuse reliure aux armes de **Simon de Cressé**, général des Monnayes en 1565, échevin de la ville de Paris en 1570.

2892. GAMET (J.-M.), Théorie nouvelle sur les maladies cancereuses, nerveuses, et autres affections du même genre . *Paris, Ruault*, 1772 ; 2 tomes en 1 vol. in-8, mar. rouge, dos orné, filets, tr. dor. 100 fr.

> Orné d'un titre gravé au deuxième volume.
> Aux armes de Louis-Antoine **Crozat**, Baron de Thiers.

2893. HEURES imprimées par l'ordre de Monseigneur le Cardinal de Noailles, Archevêque de Paris, à l'usage de son Diocèse. *A Paris, chez Claude Hérissant*, 1746 ; in-8, mar. rouge, dos orné, compart. de fil. et ornement. dor. sur les plats, tr. dor. 200 fr.

> Aux armes de Louis-Antoine **Crozat**, Baron de Thiers.

2894. BOYER. Méthode à suivre dans le traitement des différentes Maladies épidémiques, qui règnent le plus ordinairement dans la généralité de Paris. par M. Boyer, Chevalier de l'Ordre du Roi, l'un de ses médecins ordinaires... *A Paris, de l'imprimerie Royale*, 1762 ; pet. in-8 de 48 pp. mar. rouge, dos. orné, fil. orn. aux angles, doubl. et gardes de tabis, tr. dor. 150 fr.

> Aux armes de Clément - François **Del'Averdy**, Marquis de Gambaye.

2895. FLOQUET. Canal de Provence, ou Canal d'Aix et de Marseille. Son utilité, sa possibilité... Réponse aux principales difficultés qui ont été proposées pour son execution. Dédié à Monseigneur le Duc de Richelieu, pair et Maréchal de France, par le sieur J.-A. Floquet, Architecte hydraulique. *A. Paris, de l'impr. de P.-G. Le Mercier*, 1750 ; in-8, carte, mar. rouge, dos orné, fil., tr. dor. 100 fr.

> Aux armes de J.-B -F. **Desmaretz**, marquis de Maillebois, Maréchal de France.

2896. ROHAN. Le parfait capitaine. Autrement, l'abrégé des guerres de Gaule des commentaires de César. Avec quelques remarques sur icelles, suivy d'un Recueil de l'ordre de guerre des anciens, ensemble d'un traité particulier de la guerre (par Henry, duc de Rohan). *Paris, Jean Houzé*, 1635 ; in-4, réglé, titre gravé, mar. rouge, dos et plats orn. à la Duseuil, tr. dor. 100 fr.

> Exemplaire en grand papier réglé, aux armes de Kenelme **Digby**.
> Tache d'encre sur le plat supérieur.

2897. VALMONT DE BOMARE. Dictionnaire raisonné universel d'histoire naturelle contenant l'histoire des animaux, des végétaux et des minéraux... *Paris, Lacombe*, 1768 ; 4 vol. in-4, veau marb., dos orn., fil., tr. dor. 100 fr.

> Trois volumes portent sur le dos les armes Jean **du Barry**, dit le Roué, beau-frère de la célèbre favorite de Louis XV.
> On y a joint l'autographe suivant : J'ai reçu de M. Coggiano la somme de trois mille livres pour viatique de decembre. A Paris, ce 3 décembre 1785. Signé : Le C^t J. Dubarry.

Et de livres anciens et modernes

2898. ALMANACH ROYAL année bissextile 1780. *A Paris, chez d'Houry*, 1780 ; in-8, mar. rouge, dos orné, compart. de fil. et ornem. dor. sur les plats, doublé et gardes de tabis, tr. dor.   100 fr.

Aux armes de **Du Butay** en Anjou.

2899. MÉNESTRIER. Origine des armoiries. Par le R. P. C. F. Menestrier, de la Compagnie de Jésus. *Paris Thomas Amaulry*, 1680 ; in-12, mar. rouge, fil., coins et dos ornés, dent. int., tr. dor.   250 fr.

Joli exemplaire avec les figures coloriées.

Aux armes d'Augustin **Dugué de Bagnols.**

2900 BELLOY. Le Siège de Calais. tragédie de M. de Belloy, suivi de notes historiques, *Paris, Duchesne*, 1765 ; in-8, mar. rouge, dos orné, fil., tr. dor.   200 fr.

ÉDITION ORIGINALE, tirée sur PAPIER DE HOLLANDE.

Aux armes de Emm.-Félicité, Duc de **Durfort-Duras.**

2901. PLINE. C. Plinii secondi Historiæ naturalis, libri XXXVII. *Lugduni, Batavorum, ex off. Elzeviriana*, 1635 ; 3 vol. pet in-12, titre gravé, mar. vert, dos orné, fil.. tr. dor.   200 fr.

Chef-d'œuvre typographique dû à Bonaventure et Abraham Elzevier.

Bel exemplaire aux armes de Emm.-Félicité, Duc de **Durfort-Duras.**

2902. MÉMOIRE à consulter et consultation, pour le sieur Duval Dumanoir et M. Duval d'Espremenil, avocat du Roi au Châtelet ; Héritiers du feu Sieur Duval de Leyrit, gouverneur de Pondichéry. Avec les lettres que les sieurs Duval de Leyrit et de Lally se sont écrites dans l'Inde, pour servir de pièces justificatives. *Paris, de l'Imprimerie de Michel Lambert*, 1766. in-4, mar. rouge, dos orné, fil.; ornements aux angles, doublé et gardes de moire bleue, tr. dor,   120 fr.

Aux armes du Marquis **Duval du Manoir.**

2903 ANNALES saintes depuis la création du monde jusqu'à la passion de Jesus-Christ ; gr. in-4, mar. rouge, dos orné, fil.   75 fr.

Manuscrit d'une bonne écriture du XVIII° siècle de 631 feuillets. Il s'arrête au règne de Salomon. Exécuté pour Henry d'Escoubleau de Sourdis, archevêque de Bordeaux (dont le monogramme orne le dos de la reliure), il passa à **Charles d'Escoubleau** qui fit frapper ses armes en or sur les plats du volume. Il devint ensuite du propriété du marquis de Courtauvaux dont le cachet de bibliothèque se voit au début et à la fin du manuscrit.

2904. MÉZERAY (le s° de). Histoire de France avant Clovis, l'origine des François et leur établissement dans les Gaules. *Amsterdam, et se vend à Liège, chez J.-F. Broncart*, 1700 ; 1 vol. — Abrégé chronologique de l'Histoire de France divisé en six tomes. *Amsterdam, Ant. Schelte*, 1700 ; 6 vol., front. grav. et portraits. — Ens. 7 vol. in-12, mar. rouge jans., tr. dor   250 fr.

Bel exemplaire aux armes de Joseph-Joseph **d'Estavayé,** Baron de Molondin.

2905. BOUCHET (Jean). Les annales d'Aquitaine ; faicts et gestes en sommaire des Roys de France et d'Angleterre, et païs de Naples et de Milan : reueuës et corrigées par l'autheur mesmes : jusques en l'an 1557. *A Poictiers par Engilbert de Marnef*, 1557 ; pet. in-fol., mar. rouge, dos orn., double encad. de 3 fil.   250 fr.

Le meilleur ouvrage historique de Jean Bouchet. Figure sur bois au verso du titre.

Aux armes de Jacques **Estuer de Caussade,** Marquis de Saint-Megrin.

2906. RAPIN (R. P. René) Les comparaisons des grands hommes de l'antiquité qui ont le plus excellé dans les belles lettres. Tome premier. *Paris, Muguet*, 1684. — Les Réflexions sur l'éloquence, la poétique, l'histoire et la philosophie. Tome second. *Paris, Muguet*, 1684. — Ens. 2 tomes en 1 vol. in-4, veau fauve, dos orné, doub. encad. de fil. à la Duseuil.   40 fr.

Aux armes de Georges **Ferrand,** Baron de Montigny.

2907. ÉRASME. Desiderii Erasm Roterodami De Virtute Amplectenda Oratio. De Præparatione an mortem. De Morte Declamatio. Di-Puero Iesu Concio pronunciata id Schola Coletica, Londini clim instie tuta. — Enchiridion Militis Christiani. *Lugduni Batavorum I. Maire*, 1641 ; pet. in-12, mar. rouge, tr. dor.   100 fr.

Aux armes de Denis **Feydeau de Brou.**

2908. FLÉCHIER. Histoire du Cardinal Ximenès, par Messire Esprit Fléchier, évêque de Nisme. *Paris. Jean Anisson*, 1693 ; in-4, portr. et vig., mar. rouge. double rangée de fil., tr. dor. (*Du Seuil*). 1 000 fr.

ÉDITION ORIGINALE, ornée d'un portrait grav. par *Edelinck*, de vignettes et culs-de-lampe par *Séb. Leclerc*.
Très bel exemplaire tiré sur GRAND PAPIER aux armes de Esprit **Fléchier**, évêque de Nimes.

2909 CICÉRON. Nouvelle traduction du livre unique des Lettres de Cicéron à M. J. Brutus. Avec des remarques par M. de Laval. *Paris, 1731 ;* 2 vol. in-12, mar. rouge, dos orn., fil., tr. dor.   60 fr.

Aux armes du Cardinal J.-A.-H. de **Fleury**, Ministre d'Etat sous Louis XV.

2910 PRAELECTIONES THEOLOGICAE de Gratia christi salvatoris... Opus Eminenti-simo S. R. E. cardinali de Fleury. regni administro dicatum ab Honorato Tournely (seu potiùs Cl.-Lud. Montagne). *Parisiis, R. Mazières et J.-B. Garnier* (Tomus primus), 1735 ; 1 vol. — Praelectiones theologicae de Mysterio Sanctissimae Trinitatis et de Angelis... Opus Emmenti-simo S. R. E. cardinali, regni administro dicatum ab Honorato Tournely (seu potiùs Cl.-Lud. Montagne). *Parisiis, R. Mazières et J.-B Garnier* (Tomus secundus), 1732 ; 1 vol. — Ens 2 vol. in-12. mar. rouge, dos orné, fil., tr. dor. 120 fr.

Exemplaires de dédicace aux armes du Cardinal J.-A.-H. de **Fleury**.

2911. BRUNET (H. J.). Manuductio ad sacram scripturam methodo dialogistica exhibens prologomena biblica cum appendice de verbo dei tradito. *Parisiis, Coustelier,* 1701 ; 2 vol. in-12, mar. rouge, dos orn., fil., tr. dor.   60 fr

Aux armes de J.-B.-S. **Forbin de Sainte-Croix.**

2912. THEUPOLUS (Steph.). Academicarum contemplationum libri decem ; in quiqus, et divini Platonis præcipuæ sententiæ ordinatim explicantur, et Peripateticorum adversis illum calumniæ quamplurimæ refelluntur. *Venetiis, apud Petrum Dehuchinum*, 1576 ; in-4, mar. rouge, dos orné, dent., tr. dor 80 fr.

Aux armes de Marc. **Foscarini**, Doge de Venise.

2913. VITRUVE. I dieci libri dell' Architettura di M. Vitruvio. Tradotti et commentati da Daniel Barbaro. *In Venetia, Franceschi Senese.* 1584 ; in-4, pl., mar. rouge, dos orn., pet. dent., tr. dor. 100 fr.

Édition ornée de figures sur bois.
Aux armes de Marc **Foscarini**, Doge de Venise

2914. CATÉCHISMES ou abrégés de la Doctrine chrétienne, imprimés par l'ordre de Monseigneur l'Archevêque de Bourges. *Bourges, François Toubeau,* 1703 ; 2 vol. in-8, front., mar. rouge, fil. à la Du Seuil, tr. dor.   300 fr.

Aux armes de Paul de **Godet des Marais**, Evêque de Chartres, Confesseur de Madame de Maintenon.

2915. CIMITERIO (Il), épitafij Giocosi, di Gio : Franc. Loredano, et di Pietro Michiele. *S. l. (Venise).* 1645 ; in-12. veau. fil., initiales G. M. sur le dos et les angles   40 fr.

Aux armes de Antoine de **Grimaldi**, Prince de Monaco, duc de Valentinois.

2916. BERTII (P.). Commentariorum rerum germanicarum libri tres. *Amsterdami, G. Blaeu,* 1634 ; 3 vol. in-18, mar. rouge. dos orn., doub. encad. de fil., milieux dorés au petit fer, tr. dor. (*Le Gascon*).   400 fr.

Joli reliure au chiffre de Louis **Habert de Montmort.**

2917. PENSÉES sur le royaume de Dieu, et sa justice... *Paris, Edme Couterot,* 1691 ; in-12. mar. noir, doubl. de mar. citron, gardes de pap. doré, dos orn., fil., dent. irt., tr. dor.   200 fr.

Magnifique reliure doublée aux armes d'Adrien-Alexandre **Hannivel**, Marquis de **Crevecœur**, président à Mortier.

2918. PARAPHASE sur l'Evangile de Saint-Jean (par le P. M. Le Vassor. *Paris, Hortyemels,* 1689 ; in-12, mar. rouge, dos orné, fil., tr. dor.   60 fr.

Aux armes du Président Achille de **Harlay**, Comte de Beaumont.

Et de livres anciens et modernes

2919. PARAPHASE sur l'Epitre de Saint Paul aux Romains (par le P. M. Le Vassor). *Paris, Horthemels,* 1689 ; in-12, mar. rouge, dos orné, fil., tr. dor.   60 fr.

> Aux armes du Président Achille de **Harlay,** Comte de Beaumont.

2920. SLEIDAN (J.). Les Œuvres de J. Sleidan, qui concernent les histoires qu'il a escrite ; assavoir, III Livres de ses commentaires des principaux confrères du monde. XXVI, Livre des histoires de la Religion et République de notre temps, etc. *Genève, chez Eustache Vigneron,* 1574; in-fol., veau fauve, dos et angles ornés de chiffres, fil.   100 fr.

> Ouvrage consacré surtout aux troubles religieux de 1517 à 1555 ; l'auteur, Jean Philippon dit Sleidan, a eu soin de mettre en regard les affaires concernant la Religion catholique et celles concernant la République.
> Édition recherchée.
> Aux armes du Président Achille de **Harlay,** Comte de Beaumont.

2921. MONTFAUCON (B. de). La vérité de l'Histoire de Judith. *Paris, Langronne,* 1690 ; in-12, mar. rouge, dos orn., fil., tr. dor. 60 fr.

> Aux armes de François de **Harlay de Chanvallon,** archevêque de Paris.

2922. LA CHAMBRE. L'Art de connaistre les hommes. Première partie, où sont contenus les discours préliminaires qui servent d'introduction à cette science. *Paris, Rocolet,* 1659 ; 2 part. en un vol. in-4, mar. rouge, plats couv. de jeux de fil., dorure au pointillé et semis de fl. de lys dans les angles, dos orné, dent. int., tr. dor.   600 fr.

> Aux armes de Barthélemy **Hervart,** seigneur de Landzert, contrôleur général des finances.

2923. BARCLAY (Jean). La Satyre d'Euphormion, mise nouvellement en françois, avec les observations qui expliquent toutes les difficultés contenues en la première et seconde partie. *Paris, J. Guignard,* 1640 ; pet. in-8, veau, dos orné, fil., tr. dor.   30 fr.

> Ouvrage traduit de l'anglais par P. Josias Bérault, avocat au parlement de Rouen.
> Aux armes de Charles-Henri, Comte **d'Hoym.**

2924. BIBLIA, quid in hac editione præstitum, sit vide in ea quam operi præposuimus, ad lectorem epistola. *Lutetiæ, ex officina Roberti Stephani,* 1546 ; un tome en 2 vol. in-8, mar. rouge, dos orné, fil., tr. dor. ..   400 fr.

> Bel exemplaire aux armes du Comte **d'Hoym.**

2925. MARINI. La Lira, rime del Cavalier Marino. *Venetia, Fr. Baba,* 1653. 3 parties en 2 vol., front. grav. — Sampogna. *Venetia, Fr. Baba,* 1652, 1 vol. Ens. 3 vol. in-12, mar. rouge, dos orn., fil., tr. dor.   250 fr.

> Aux armes du Comte **d'Hoym.**
> Sur chaque titre on lit Bibliotheca Colbertina.

2926. SALLUSTIUS. (*A la fin :*) Opus Crispi Salustii feliciter finit *Impressum Anno incarnatiòis domini millesimo quingentesimo quarto* (1504) *Die uero quinta Nouembris ;* petit in-8, signat. a-p. non chiff., lettres italiques, mar. bleu, chiffre sur le dos, fil., tr. dor.   250 fr.

> Édition lyonnaise faite à l'imitation des impressions Aldines. Au verso du titre est une préface de l'éditeur. *Balthasur Fidelis Ju. U. D. et Modoenciensis ecclesic archipresbiter ad lectorem.*
> Aux armes du Comte **d'Hoym.**

2927. COURNAND (de). Les Styles, poème en quatre chants, par M. l'abbé de Cournand. *Londres, (Paris, Duchesne),* 1781 ; pet. in-8, mar. rouge, dos orné, tr. dor. (*Rel. anc.*).   75 fr.

> Bel exemplaire en papier vergé.
> Aux armes de J.-Fr. **Joly de Fleury** Ministre des Finances. Cachet sur le titre.

2928. RAULIN. Traité de la Phtisie pulmonaire, avec la Méthode préservatrice et curative de cette Maladie, par M. Raulin. *Paris, Valade,* 1782 ; in-8, mar. rouge, dos orné, fil., tr. dor. (*Rel. anc.*).   100 fr.

> Bel exemplaire de dédicace aux armes de J.-Fr. **Joly de Fleury.**

Achat de Bibliothèques

2929. VOYAGES IMAGINAIRES, songes, visions et romans cabalistiqnes ornés de figures. *Amsterdam et Paris*, 1787-1789 ; 39 vol. in-8, mar. vert, dos orn., fil., tr. dor. (*Rel. anc.*).   600 fr.

Ouvrage illustré de 76 figures de *Marillier*, gravées par *Berthet, Borgnet. Croutelle, Delignon, Delvaux, de Ghendt, Le Villain, Langlois. Delaunay, Giraud, Patas, Maillet, Dambrun, de Valnay, Viguet* et *M*ᵐᵉ *de Mouchy*.

Aux armes de **La Faurie de Monbadon**, sur le dos de la Reliure.

2930. COMBEFIS. Originum rerumque Constatino politanarum, variis autoribus manipulus F. Franciscus Combefis..., ex veteris mss. codd. partim eruit, cuncta reddidit, ac notis illustravit. *Pariis, Sumptibus Simeonis Piget*, 1664 : in-4 réglé, mar. rouge, chiffres sur le dos, fil., comp. à la Du Seuil, tr. dor. 150 fr.

Bel exemplaire de dédicace, aux armes de Guillaume de **Lamoignon**, Premier président.

Cet ouvrage imprimé avec le texte grec et la version latine en regard a pour sujet principal les discussions de l'église grecque sur le culte des images.

2931. TAVERNIER (J.-B.). Nouvelle relation de l'intérieur du Sérail du grand Seigneur. Contenant plusieurs singularitez qui jusqu'icy n'ont point esté mise en lumière. *Paris. Gervais Clouzier*, 1675 ; in-4, titre gravé, mar. rouge, chiffres sur le dos, plats orn. à la Duseuil, tr. dor.   300 fr.

Aux armes de Guillaume de **Lamoignon**, Premier président.

2932. ALMANACH ROYAL, année 1777. *Paris, Le Breton*, 1777 ; in-8, mar. rouge, fil., fleurons d'angles, doubl. et gardes de tabis bleu. tr. dor.   75 fr.

Bel exemplaire aux armes de Chrétien-Guillaume de **Lamoignon-Malesherbes.**

2933. PEYRAUD DE BEAUSSOL. Les Arsacides. Tragédie en six actes. recitée au théâtre pour la première fois, par les Comédiens françois ordinaires du Roi, le Mecredi 26 Juillet 1775. *A Paris, chez la V*ᵛᵉ *Duchesne*, 1775 ; in-8, mar. rouge, dos orné, fil. avec ornem. aux angles, tr. dor.   75 fr.

Bel exemplaire aux armes de Chrétien-Guillaume de **Lamoignon-Malesherbes.**

2934. TURPIN. Histoire civile et naturelle du Royaume de Siam, et des révolutions qui ont bouleversé cet empire jusqu'en 1770, publiée par M. Turpin. *Paris; Costard*, 1771 ; 2 vol. in-12, mar. rouge, dos orn., fil., tr. dor.   60 fr.

Aux armes du Cardinal Ch.-Antoine de **La Roche-Aymon**, archevêque de Reims.

2935. LA ROCHE AYMON. Généalogie historique et critique de la Maison de la Roche Aymon ; pour servir au supplément ou continuatiou de l'histoire généalogique et chronologique de la Maison de France et des grands officiers de la Couronne (par l'abbé J. Destries). *Paris, Ballard*, 1776; in-fol., mar. rouge, dos orn., fil., fleurons d'angles, tr. dor.   350 fr.

Aux armes de Antoine-Louis de **La Roche-Aymon**.

2936. MERIAN. Histoire des Insectes de l'Europe, dessinée d'après nature et expliquée par Marie-Sibille Merian, traduite du hollandais en français par Jean Marret. *Amsterdam, J.-F. Bernard*, 1730 ; in-fol., veau brun, dos orn. 75 fr.

Ouvrage orné d'un titre, et de 184 figures sur 95 planches, manque les figures 170 et 172.

Aux armes de Frédéric-Gaëtan de **La Rochefoucauld-Liancourt.**

2937. JODELLE. Les Œuvres et meslanges poétiques d'Estienne Jodelle, sieur du Lymodin. Premier volume (publié par Ch. de la Mothe). *Paris, Nicolɑs Chesneau et Mamert Patisson*, 1574 ; in-4 réglé, mar. rouge, filets, dos ornés à la grotesque, doublé et gardes de tabis bleu, tr. dor.   750 fr.

On y a joint LE RECUEIL DES INSCRIPTIONS, FIGURES, DEVISES ET MASQUARADES ordonnées en l'hostel de ville à Paris, le jeudi 17 février 1558, par Etienne Jodel. *Paris, André Wechel*, 1558. Mouillures.

Aux armes du Duc de **La Vallière.**

2938. PALOMBA, Abrégé de la langue Toscane, ou nouvelle méthode contenant les principes de l'Italien, l'explication des langages qui ont contribué à sa formation, etc. *Paris et Lyon*, 1768 ; 2 vol. in-8, mar. rouge, dos orn., fil., fleurons d'angles, tr. dor.   200 fr.

Aux armes de Paul-François de **La Vauguyon**, Prince de Carençay.

Et de Livres anciens et modernes

2939. LEPORCQ (Jean). Les sentimens de saint Augustin sur la grace opposez à ceux de Jansenius. *Paris, Muguet,* 1682; in-4, mar. rouge, fil., dos orné, tr. dor. (*Duseuil*). 150 fr.

Aux armes de Louis de **La Vergne de Monteynard de Tressan,** Archevêque de Rouen.

2940. BOILEAU. Histoire des Flagellans, où l'on fait voir le bon et le mauvais usage des Flagellations parmi les Chrétiens. Trad. du latin de M. l'abbé Boileau (par l'abbé Granet). *Amsterdam, F. Vander Plaats,* 1701 ; in-12, mar. bleu, dos orné, dent. sur les plats et dent. int., tr. dor. (*Padeloup*). 150 fr.

ÉDITION ORIGINALE de cette traduction. Exemplaire ayant appartenu à GUYON DE SARDIÈRE qui a mis sa SIGNATURE sur le titre et quelques ANNOTATIONS MANUSCRITES en plusieurs endroits.
Aux armes de Adrien, marquis de **La Vieuville**, commandeur de **Wignacourt,** grand prieur de Champagne.

2941. HAYTHON. L'Hystoire merveilleuse, plaisante et récréative du grand Empereur de Tartarie, seigneur des Tartres, nommé le grand Can. Contenant six livres ou parties... *On les vend à Paris, pour Jehan S. Denys.* (A la fin) : *Imprimée nouvellement à Paris en l'an 1529, le quinziesme jour du mois d'apvril pour Jehan Sainct-Denys, libraire, demourant en la rue Neufve Notre Dame a l'enseigne Sainct Nicolas ;* pet. in-fol. goth. de 4 ff. lim. et 82 ff. chiff., mar. citron, dos orné, dent., tr. dor. 1.200 fr.

PREMIÈRE ET TRÈS RARE ÉDITION de cette chronique du règne de Gengis-Kan et de ses successeurs. Le début du texte donne les noms de l'auteur et du traducteur : « .... et fut ce traité premièrement faict en latin par très noble et très hault homme monsieur Ancoyne, seigneur de Courcy, chevalier et nepveu du roy d'Armenie... et fut ce livre translaté de latin en françoys par frère Jehan de Longdit, né de Jppre, moyne de l'abbaye de S. Bertin en Sainct-Omer ».
L'ouvrage est illustré d'un encadrement de titre, de 2 grandes figures et de 4 petites, gravées sur bois et enluminées anciennement.
Très bel exemplaire aux armes d'Adrien, marquis de **La Vieuville,** commandeur de **Wignacourt,** grand prieur de Champagne.

2942. LA FONTAINE. Contes et Nouvelles en vers. Par M. de la Fontaine. Nouvelle édition enrichie de tailles-douces, corrigée et augmentée. *Amsterdam, Pierre Brunel,* 1699 ; 2 vol. in-12, front. et fig., mar. rouge, dos orn., fil., tr. dor. (*Rel. anc.*). 300 fr.

Édition illustrée des vignettes de *Romain de Hooghe.*
Aux armes d'Adrien, marquis de **La Vieuville,** commandeur de **Wignacourt,** grand prieur de Champagne.

2943. ANTIQUITÉS (les) de la ville de Paris contenans la recherche nouvelle des fondations et établissemens des églises, chapelles, monastères, hospitaux, hostels, etc., la chronologie des premiers présidens, advocats et procureurs généraux du Parlement, etc. (par Jacques Du Breuil et Claude Malingre). *Paris, Rocolet,* 1640 ; in-fol., veau, dos orné. 40 fr.

Ouvrage recherché.
Aux armes du Président Nicolas **Le Camus.**

2944. CONFUCIUS Sinarum philosophus sive scienta sinensis latine exposita studio et opera Prosp. Intorcetta Christ. Herdtrich, Fr. Rougemont, Phil. Couplet. *Parisiis, apud Danielem Hortemels,* 1687. — Tabula chronologica monarchiae sinicae juxta cyclos annorum LX. Ab anno ante Christum 2952 ad annum post Christum 1683. Auctore R. P. Phil. Couplet *Parisiis,* 1686. — Tabula chronologica monarchiae sinicæ juxta cyclos annorum LX. Ab anno post Christum primo, usque ad annum præsentis sæculi 1683. *Parisiis.* 1686. Ensemble 3 part. en un vol. in-fol., veau, dos orné. 40 fr.

Bonne édition de cet ouvrage nommé en chinois le Ta-Hio, d'après le titre du premier livre. Portrait de Confucius, carte. Bel exemplaire aux armes de Charles-Nicolas **Le Clerc de Lesseville,** Conseiller au Parlement de Paris.

2945. LÉGENDE de Domp Claude de Guyse, abbé de Cluny, contenant ses faits et gestes, depuis sa nativité jusques à la mort du cardinal de Lorraine. *S. l.,* 1581 ; pet. in-8,

mar. rouge, dos orné, comp. de fil.,
tr. dor. (*Du Seuil*).   150 fr.

Ce violent pamphlet contre les Guise a
été attribué à Jean Dagonneau et à Gilbert
Regnault, seigneur de Vaux, juge de Cluny.
Aux armes de Charles-Nicolas **Le
Clerc de Lesseville,** Conseiller au
Parlement de Paris.

2946. ALMANACH ROYAL, année 1778.
Paris, Le Breton (1778); in-8, mar.
rouge, doubl. et gardes de tabis
bleu pâle, dos orn., large dent.
couvrant les plats, tr. dor. 150 fr.

Très belle reliure aux armes de Claude-
Nicolas **Ledoux,** architecte.

2947. BIBLIA SACRA, vulgatæ editionis. *Parisiis, excudebat Antonius
Vitré,* 1652 ; 8 tomes reliés en 11
vol. in-12, mar. rouge, dos orn. à
petits fers, double encad. sur les
plats avec orn. aux coins, dor. aux
petits fers, tr. dor.   500 fr.

Exemplaire réglé dans une belle reliure aux armes de Charles-Nicolas **Le
Goux de la Berchère,** Archevêque de Narbonne.
Cet exemplaire a appartenu à son successeur qui a mis son nom sur les titres :
*Monseigneur de Beauveau, Archevêque
de Narbonne.*

2948. BLACKSTONE. Commentaires sur
les loix angloises, traduits de l'anglois par M. D. G*** (de Gomicourt). *Bruxelles, de Boubers,*
1774-1776 ; 6 vol. in-8, mar. rouge,
dos orné, fil., tr. dor.   250 fr.

Très bel exemplaire aux armes de
J.-Ch.-P. **Le Noir,** Lieutenant de Police.

2949. PARUTA. La Sicilia di Filippo
Paruta descritta con medaglie, e
ristampata con aggiunta da Leonardo Agostini. Hora in miglior
ordine disposta da Marco Maier...
In Lione, Marco Maier, 1697 ; in-
fol., mar. rouge, dos orn., fil., tr.
dor.   150 fr.

Nombreuses planches de médailles gravées.
Aux armes de Michel-Robert **Le Pelletier de Saint-Fargeau.**

2950. ALMANACH ROYAL, année 1758.
Paris, Le Breton, 1758 ; in-8,
mar. rouge, dos orn., comp. sur les
plats, tr. dor.   150 fr.

Jolie reliure aux armes de Michel-
Etienne **Le Pelletier de Saint-
Fargeau,** Président à Mortier.

2951. BALUZE. Sanctorum Presbytorum Salviani Massiliensis et Vincenti Lirinensis Opera, St Baluzius,
notisque illustravit. *Parisiis, Fr.
Muguet,* 1684 ; in-8, mar. rouge,
dos orné, fil., tr. dor.   80 fr.

Aux armes de Michel **Le Tellier,**
Chancelier.

2952. DADINUS ALTESERRA (Ant.).
Notæ et Observationes in Anastasium De Vitis Romanorum Pontificum. *Parisiis, apud Lud. Billaine,* 1680 ; in-4, mar. rouge, dos
orné, fil. à la Duseuil, tr. dor.
120 fr.

Exemplaire de dédicace aux armes de
Michel **Le Tellier,** Chancelier.

2953. LE BRUN. Virgilius Christianus.
Eclogae. Psycurgicon (De Ponto
occidentali, sive de Barbariae Canadentii). *Parisiis, S. Piget,* 1651 ;
pet. in-8, mar. rouge, dos orn.,
doubl. encad. de fil. à la Duseuil,
tr. dor.   120 fr.

Aux armes de Michel **Le Tellier,**
avant qu'il fut Chancelier.

2954. ÉPISTOLARUM decretalium summorum pontificum. *Romæ, apud
Georgium Ferrarium,* 1591 ; 3 vol.
in-fol., mar. rouge, fil., dos ornés,
tr. dor.   300 fr.

Aux armes de C.-M. **Le Tellier,**
Archevêque de Reims.

2955. LIVIUS. T. Livii patavini Historici clarissimi rerum gestarum
populi Romani libri triginta. Lucii florii Epitome exl T. Livii libros.
Parisiis, Ambrosius Girault, 1529 ;
in-fol., mar. rouge, dos orné, fil.,
tr. dor.   80 fr.

Aux armes de Dominique de **Ligny,**
Evêque de Meaux.

2956. ACOSTA. Rerum a Societate
Jesu in Oriente Gestarum volumen.
In quo hæc ferme continentur. De
rebus indicis ad annum usque a
Deipara Virgine. MDLXVIII comentarius Emmanuelis Acostæ Lusitani, recognitus, et Latinitate donatus. De rebus indicis ad annum
usque MDLXX, Epistolarum liber I.
De Japonicis rebus ad annum usque
MDLXV, Epistolarum libri V. etc.

Et de Livres anciens et modernes

Neapoli, apud Horatium Saluia-num, 1573 ; in-4, mar. rouge, dos orné, fil., tr. dor.   160 fr.

Aux armes de Louis-Heri, Comte de **Loménie de Brienne**, Secrétaire d'Etat.

2957. LA ROCHE FLAVIN (Bernard de). Treize livres des parlemens de France , esquels est amplement traicté de leur origine et institution, et des presidens, conseillers, gens du roy, greffiers, secrétaires, huissiers et autres officiers ; et de leur charge, devoir et juridiction ; ensemble de leurs rangs, séances, gages , privilèges , règlements et Mercurialles. *Bourdeaus, Simon Millanges* , 1617 ; in-fol. , mar. rouge, dos orn., fil., tr dor. 250 fr.

Exemplaire en GRAND PAPIER aux armes de Louis-Henri, Comte de **Loménie de Brienne**, Secrétaire d'Etat.

2958. PATIN (Carolus). Familiæ romanæ in antiquis numismatibus, ab urbe condita ad tempora Augusti, ex biblioth. Fulvii Ursini, cum ajunctis Ant.-Augustini ; C. Paten restituit, recognovit, auxit. *Parisiis, Du Bray*, 1663; in-fol.. fig., mar. rouge, dos orn., fil., tr. dor.   200 fr.

Exemplaire contenant la table et des errata sous les pages 425-429.

Aux armes de Louis-Henri, Comte de **Loménie de Brienne**, Secrétaire d'Etat.

2959. RÉFLEXIONS importantes sur la Religion, suivies d'une lettre à l'auteur du Système de la Nature, par M. L. F. P. (Fangouse). *Paris, Debure*, 1785 ; in-12, mar. rouge, dos orné, fil., tr. dor.   60 fr.

Aux armes du Cardinal E.-C. **Loménie de Brienne**, Archevêque de Sens.

2960. LENFANT (Jacques). Histoire du Concile de Constance, tirée principalement d'auteurs qui ont assisté au Concile. *Amsterdam, P. Humbert*, 1714 ; 2 vol. in-4, veau fauve, fil., tr. dor.   100 fr.

Bel exemplaire, illustré de 17 portraits d'après *Bernard Picart*, portant sur le dos de la reliure, au centre et aux angles des plats les insignes de Hilaire Bernard de Roqueleyne, Baron de **Longepierre**.

2961. MÉZERAY. Histoire de France depuis Pharamond jusqu'à maintenant (1598). Œuvre enrichie de plusieurs belles et rares antiquitez et d'un Abrégé de la vie de chaque reine... par F. E. du Mézeray. *Paris, Guillemot*, 1643-1651; 3 vol. in-fol., front., nombr. portraits et fig., mar. rouge, dos orné, fil., tr. dor.   300 fr.

ÉDITION ORIGINALE très estimée.

Exemplaire de **Longepierre** avec les insignes (la Toison d'or) sur le dos des volumes : il possède tous les cartons signalés par Brunet, sauf les quatre ff. de dédicace avant la p. 683 du tome III.

2962. NICOLE (Pierre). Les Imaginaires ou lettres sur l'hérésie imaginaire. Volume I, contenant les dix premières par le Sr de Damvilliers (Nicole). *Liege, Adolphe Beyers (Amsterdam, Dan. Elzevier)*, 1667 ; in-12, mar. rouge jans., doubl. de mar. bleu, dent. int., tr. dor.   300 fr.

T. I seul de cette jolie édition appartenant à la collection des Elzeviers.

Bel exemplaire portant les insignes de **Longepierre** sur le dos, le centre et les angles des plats, et au centre de la doublure.

2963. PERSIUS (Aurelius). A Persii Flacci Satyræ, obscurissimae alioqui, lucutessima ecphra sisimul et scholiis doctiss, irui Johannis Murmellii Ruremondẽ illustratae Aermanni Buchii Pasiphili.... *Apud Sanctam romanorum Coloniam, anno* MDXXV (1525) ; in-12, veau fauve.   50 fr.

Jolie édition en carac. gothiques et ronds. Titre avec encad. gravé, lettres majuscules gravées ; au verso du dernier feuillet marque du libraire.

Exemplaire avec les insignes de **Longepierre** sur le dos de la reliure.

2964. SAINCTES PRIÈRES (Les) DE L'AME CHRESTIENNE , escrites et gravées après le naturel de la plume par P. Moreau, Me Escrivain iuré. *A Paris et se vendent chés l'autheur, près le Palais derrière S. Pierre des Assis*, 1632 ; in-12, titre, texte et fig. grav. mar. noir, doublé de mar. citron, large dent. int., tr. dor.   500 fr.

Première édition de ce très joli volume entièrement gravé, avec larges bordures de fleurs, fruits et arabesques à chaque page, et figures très finement exécutées

Achat de Bibliothèques

parmi lesquelles les *sept péchés capitaux*.
Un des RARES exemplaires en GRAND
PAPIER, dans une riche reliure doublée.
aux armes du Marquis de **Lubert**,
frappées sur la doublure. (Haut. : 144 mm.).

2965. SANDBY (Paul). Recueil de cent
et cinquante vues choisies en Angleterre, le Pays de Galles, Ecosse
et Irlande. *Londres, Boydell*, 1783;
2 vol. in-4 oblong, veau racine,
dos orn., pet. dent.   200 fr.

Jolies vues gravées, châteaux, jardins,
etc.
Aux armes du Prince Alexandre **Lu-
bormisky.**

2966. TESTAMENT (Le nouveau) de
Nostre Seigneur Jésus-Christ, en
latin et en françois, avec les diffé-
rences du grec et de la Vulgate
(trad. par Ant. Arnauld, de Sacy,
Le Maistre et Nicole). *Mons, Gaspard Migeot*, 1684 ; 2 tomes en
4 vol. in 12, mar. noir, dos ornés,
fil., tr. dor.   200 fr.

Quelques piqûres de vers sur les plats.
Aux armes de Louis-Charles de
Machault, seigneur **d'Arnou-
ville**, Lieutenant général de Police.

2967. SAUVIGNY. Les Amours de
Pierre Le Long et de Blanche Bazu
(par de Sauvigny). *Paris, Ducau-
roy*, an IV (1796); in-12, mar.
rouge, dos orn., fil,, tr. dor. 50 fr.

Frontispice gravé.
Remboîtage dans une reliure aux armes
de Jean Baptiste **Machault d'Ar-
nouville**, Garde des Sceaux.

2968. VELLY. Histoire de France par
MM. Velly, Villaret et Garnier. *A
Paris, chez Desaint*, 1755-1786 ;
30 vol. in-12, mar. rouge, dos orné,
fil., tr. dor.   800 fr.

Aux armes de J.-B. **Machault d'Ar-
nouville**, Garde des Sceaux.

2969. ALMANACH ROYAL, année 1774 ;
in-8, mar. rouge, dos orn., dent.,
tr. dor.   200 fr.

Aux armes de P.-Ch.-Et. de **Mai-
gnart**, marquis de la Vaupalière.

2970. FAVART. Les Moissonneurs,
comédie en trois actes et en vers,
meslée d'ariettes, dédiée à Monseigneur le duc de Choiseul, représentée pour la première fois par les
Comédiens italiens ordinaires du
Roi, le 27 Janvier 1768, par M. Fa-

vart. La musique est de M. Duni.
A Paris, chez la Vve Duchesne,
1768 ; in-8, mar. rouge, dos orné,
fil. avec ornem. aux angles, gardes
de pap. doré, tr. dor.   150 fr.

Bel exemplaire aux armes de L.-J.-B.
Mancini-Mazarin, Duc de Niver-
nois
Ex-dono de l'auteur avec son paraphe.

2971. MILTON. Paradise Lost. A Poem,
in twelve Books. The author John
Milton. A new-edition, with notes
of various Authors, by Thomas
Newton. *London, Tonson and
Draper*, 1749 ; 2 vol. in-4, port.,
mar. rouge, dos orn., fil., tr. dor.
250 fr.

Jolie reliure très fraiche aux armes de
L.-J -B. **Mancini-Mazarin**, Duc de
Nivernois.

2972. THOU (Jacques-Aug.). Historiarum sui temporis ab anno domini 1543, usque ad annum 1607.
Libri CXXXVIII. Accedunt commentariorum de Vita sua libri sex
hactenus ineditti. *Aurelianae et
Genevae, Petrum de la Rovière*,
1620 ; 5 tomes en 7 vol. in-fol.,
mar. citron, dos orn., très large
dent., tr. dor.   750 fr.

Exemplaire dans une *magnifique reliure avec très larges dentelles*, ayant
appartenu à L.-J.-B. **Mancini-Mazarin**, dont l'inscription suivante est frappée
en or sur les plats de chaque volume : « LE
DUC DE NIVERNOIS ».

2973. BOCCHII Bonon (Achillis).
Symbolicarum quæstionum, de
universo genere, quas serio lude-
bat. Libri quinque. *Bononiæ*, 1574;
in-4, fig., mar. citron, dos orné,
fil., chiffres aux angles, tr. dor. 120 fr.

La première édition de ce volume est
rare à cause des figures de *Bonasone* dont
il est orné mais la réimpression que voici
est très recherchée parce que les figures
ont été retouchée par *Augustin Carrache*
Aux armes de Charles **Mansfeld**, fils
du célèbre général de Charles-Quint.

2974. ANACRÉON vengé, ou Lettres
au sujet d'une prétendue traduction
d'Anacréon (de Poinsinet de Sivry),
annoncée et louée sans cause par
les Auteurs de l'*Année littéraire*
de Fréron, (par David). *Paris*, 1757;
in-12, mar. rouge, filets, dos orné,
pièces d'armes sur le dos et aux
angles, tr. dor.   100 fr.

A la suite ; du même auteur : *Lettre ou
Conseils d'une dame de Paris à une*

Demoiselle de province sur le choix d'un époux. A Cythère, au dépens de l'Hymen, 1756.

Aux armes de **Marquet**, Conseiller au Parlement de Bordeaux.

2975. EXPILLY. Plaidoyer de Mr° Claude Expilly, Chevalier, Conseiller du Roy en son Conseil d'Estat et Président au Parlement de Grenoble. Troisième édition. *Paris, Abel l'Angelier*, 1619 ; in-4, réglé, mar. rouge, fil., tr. dor. 150 fr.

Exemplaire en GRAND PAPIER. — Aux armes de Pierre **Martin de Champolon**, Capitaine des Gardes du duc de Lesdiguières.

2976. DÉLICES (Les) de la Hollande en deux parties. Contenant une description exacte du païs, avec mœurs et les coutumes des habitans, etc (Par de Parival). *La Haye*, 1700 ; in-12, veau. 10 fr.

Plans de villes gravés sur cuivre.
Aux armes de Lorenzo **Marziani**, Prince de Furani.

2977. HOSSCHIUS (Sidronus). Traduction libre des élégies latines de Sidronus Hosschius sur la passion de J.-C., par M. Deslandes. *Paris, M. Lambert*, 1756 ; in-8, mar. rouge, dos orn., fil., tr. dor. 30 fr.

Aux armes de René-Charles de **Maupeou**, Chancelier de France.

2978. VIRGILE. Publii Virgilii Maronis Opera Parisiis, e typografia regia, 1641 ; in-fol., veau brun, dos orn:, fil., fleur de lys aux angles. tr. dor. 100 fr.

Édition ornée d'un titre, de grandes lettres initiales et de culs-de-lampe gravés.
Aux armes du Cardinal **Mazarin**.

2979. ÉLOGES et Discours philosophiques (par Mercier). *A Amsterdam*, 1776 ; in-8, mar. rouge, dos orné, fil., tr. dor. 100 fr.

Aux armes de Simon-Pierre **Mérard de Saint-Just**, avec son ex-libris.

2980. POINSINET DE SIVRY. Les Muses grecques, ou traduction en vers françois de Plutus, comédie d'Aristophane, suivie de la troisième édition d'Anacréon, Sapho, Moschus, Bïon, Tyrthie, de morceaux choisis de l'anthologie pareillement traduits en vers françois. *Aux Deux-Ponts, imprimerie Ducale, et Pa-*

ris, *Lacombe*, 1771 ; in-12, mar-vert, dos orn., fil., tr. dor. 100 fr.

Aux armes de Simon-Pierre **Mérard de Saint-Just**.

2981. RECUEIL de treize pièces diverses du XVIII° siècle. *Paris*, 1771-1776 ; in-8, mar. rouge, dos orné, fil.. fleurons d'angle, tr. dor. 100 fr.

Intéressant recueil. Aux armes de Simon-Pierre, **Mérard de Saint-Just**.
Il contient :
Eloges du maréchal Catinat, par de la Harpe, 1775. — par d'Espagne, 1775,— par Guibert, 1775. — Epitre sur les avantages des femmes de trente ans, par M. de Murville, 1775 (fig. de *Desrais* grav. par *Ponce*). — Brutus à Servilie, par Durufle, 1775. — Priam aux pieds d'Achille, par Doigné, 1776. — Henriette et Lucie avec les amies rivales, par d'Ussieux, 1772 (fig., vign et culs-de-lampe de *Clerc*, grav. par *Fessard*). — Berthold, prince de Moravie, anecdote historique, par d'Ussieux, 1773 (fig. par *Caresme* grav. par *Helineau*, vign. et et culs-de-lampe grav. par *Godefroy*) — Olinde et Sophrodie, drame, par Mercier, 1771 (fig. de *Marillier* grav. par *Duclos*). — Merinval, drame, par d'Arnaud, 1774 (fig. d'*Eisen* grav. par de *Longueil*). — Effts de la vengeance, relation d'un religieux. — Attalie, tragédie, par de la Croix, 1776 — Le Jubilé, ode, par Gilbert, 1775.

2982. VULSON DE LA COLOMBIÈRE. La Science héroïque, traitant de la noblesse, de l'origine des armes, de leurs blasons, etc. Avec la Genealogie succinte de la Maison de Rosmadec en Bretagne, le tout embelly d'un grand nombre de figures en taille-douce, sur toutes ces matières. Par Marc de Vulson, sieur de la Colombière. *A Paris, chez Sebastien et Gabriel Cramoisy*, 1644 ; in-fol., fig., mar. brun, fil. sur le dos et les plats, ornem. aux angles, tr. dor. 150 fr.

Aux armes de Claude de **Mesmes**, Comte d'Avaux, Ambassadeur du Roy.

2983. ALMANACH ROYAL, année 1770. *A Paris, chez Le Breton* ; in-8, mar. rouge, dos fleurdelisé, comp. sur les plats, tr. dor. 300 fr.

Reliure très fraiche aux armes de **Millet de Chevers**, avec son ex-libris.

2984. BERTHELOT. Traité des évictions et de la garantie formelle dans lequel sont traduites et discutées les loix romaines du Digeste et du Code sur cette matière, par Berthelot. *Paris, Lottin*, 1781 ; 2 vol. in-12, mar. rouge, dos orné, fil., tr. dor. 70 fr.

Aux armes de A.-T. Hue de **Miromenil**, Chancelier.

2985. REYRAC (L'Abbé de). Hymne au Soleil, suivi de plusieurs morceaux du même genre qui n'ont point encore paru. *Paris, De Bure*, 1782 ; in-8, mar. rouge, fil., dos orné, tr. dor. 125 fr.

Exemplaire de dédicace sur GRAND PAPIER. Aux armes de **A.-T.** Hue de **Miromenil**, Chancelier.

2986. SELVES (J.-B.). Explication de l'origine et du secret du vrai Jury, et comparaison avec le jury anglais et le jury français... *Paris, Maradan*, 1811 ; in-8, mar. vert, dent. sur les plats, dos orné, dent. int., tr. dor. 80 fr.

A *la suite* : La Mort aux Procès (du même auteur). *Paris*, 1811.
Aux armes du Comte de **Montalivet**, Ministre de Napoléon 1ᵉʳ.

2987. LOUVET. Remarques sur l'histoire de Languedoc ; des princes qui ont commandé sous la seconde et troisième lignée de nos Roys, jusques à son entière réunion à la Couronne ; des estats généraux de la province, et des particuliers de chaque diocèse. Par M. Pierre Louvet, de Beauvais, docteur en médecine. *A Tolose, par F. Boude*, 1657 ; pet. in-4, veau jaspé, chiffre sur le dos. 150 fr.

Aux armes du duc de **Mortemart**, avec sa signature au bas du titre.

2988. MONTFAUCON. Les Monumens de la Monarchie française, qui comprennent l'histoire de France avec les figures que l'injure des tems a épargnées. *Paris*, 1729-1733 ; 5 vol. in-fol., veau granit., chiffres et orn. sur le dos. 1.200 fr.

Cet ouvrage des plus importants pour l'histoire de France par les monuments de la sculpture, de la peinture, etc., est orné de 307 planches gravées en taille-douce.
Bel exemplaire en GRAND PAPIER, aux armes du duc de **Mortemart**, avec cette inscription au tome I «*Je suis au duc de Mortemart* ».

2989. CAMILLO. Di M. Giulio Camillo Tutte le opere. *In Venecia, appresso Gabriel Giolito de Ferrari*, 1552 ; pet. in-12 vélin blanc, dos orn., fil. dor., tr. dor. 100 fr.

Joli exemplaire aux armes de Charles de **Neufville de Villeroy.**

2990. BRETTEVILLE. Essais de Sermons pour tous les jours de Carême, contenant six discours différents pour chaque jour, avec la traduction de ces sentences. *Paris, Denis Thierry*, 1665 ; 3 vol. in-8, mar. rouge, fil. à la Du Seuil, dos orn., tr. dor. 300 fr.

Bel exemplaire aux armes de Jean **Nicolas**, Seigneur de **La Reynie**, lieutenant de police de la Ville de Paris.
Sa signature autographe se trouve sur la garde de chaque volume.

2991. ALMANACH ROYAL, année 1790. *Paris, D'Houry et Debure*, 1790 ; in-8, mar. vert, doubl. et gardes de tabis rose, dos orn., dent., tr. dor. 200 fr.

Exemplaire aux armes de Philippe de **Noailles.**

2992. LE NAIN (R.-P. Pierre). Essai de l'histoire de l'Ordre de Citeaux. Tirée des annales de l'Ordre et de divers autres Historiens (Tomes II à IX). *A Paris, chez François Muguet*, 1696-1697 ; 9 vol. in-12, mar. rouge, dos ornés, fil., tr. dor. 250 fr.

Bel exemplaire aux armes de Louis-Antoine, Duc de **Noailles**, cardinal et archevêque de Paris.
Manque le tome Iᵉʳ.

2993. ORNITHOLOGIE. Collection d'oiseaux, de scarabées, papillons, etc. *S. l. n. d.* ; in-fol., mar. vert olive, fil. et fleurons aux angles, dos orné, tr. dor. 400 fr.

Recueil de 264 planches dessinées et gravées par *Martinet*, et finement coloriées.
La première et la 263ᵉ planches manquent.
Aux armes de **Palissot de Beauvois**, en Artois.

2994. VILLIERS. Apologie du célibat chrétien par M. l'abbé*** (par l'abbé Marc de Villiers). *Paris, Damonneville*, 1761 ; in-12, mar. rouge, dos orn., orn. sur les plats formant dent., tr. dor. 300 fr.

Cet ouvrage est rédigé contre l'écrit du Chanoine Desforges, intitulé : Avantages du mariage et sa nécessité pour les prêtres et les évêques.
Aux armes du Cardinal Jos.-Doria **Pamfili.**

Et de Livres anciens et modernes

2995. INFORTUNÉ (l') reconnaissant (par Guer). *Paris, Ballard*, 1751 ; in-8, fig., mar. vert, dos orné, fil., tr. dor.   80 fr.

Aux armes de J.-B. **Paris de Meyzieu.**

2996. CICÉRON. M. Tul. Ciceronis Orationum, volumen primum... *Lugduni, apud Ant. Gryphium*, 1582 ; in-16, mar. rouge, dos orné, entrelacs sur les plats avec semis de fleurs de lis et de têtes, tr. dor. (*Rel. du XVIe siècle*).   400 fr.

Curieuse reliure aux armes du Cardinal Nicolas de **Pellevé**, avec semis de ses pièces d'armes sur le dos et les plats.

2997. ARIOSTE. Orlando furioso di Ludovico Ariosto, con gli Argomenti in ottava Rima di M. Lodovisco Dolce et con le Allegorie a ciascum Canto di Tornaso Porcacchi da Castiglione Aretino. *In Venetia, appresso gli Heredi di Domenico Farri*, 1604 ; pet. in-8, veau, dos orné, fil., tr. dor.   70 fr.

Bonne édition ornée d'un portrait-médaillon de l'Arioste sur le titre, d'initiales, bordures et figures très curieuses gravées sur bois.

Aux armes de David Pierre **Perrinet**, Seigneur du Pezeau.

2998. CORNEILLE (Thomas). Le Théâtre de T. Corneille. Nouvelle édition, revue, corrigée et augmentée. Enrichie de figures en taille-douce. *Amsterdam, Z. Chatelain*, 1733 ; 5 vol. in-18, mar. rouge, dos orn., fil., tr. dor.   400 fr.

Jolie édition dans une magnifique reliure aux armes de David-Pierre, **Perrinet**, seigneur du Pezeau.

2999. IRSON. Abrégé méthodique, familier et raisonné des Changes étrangers, contenant les rapports ou comparaisons que les monnoyes, les poids et les mesures des villes, les plus célèbres de l'Europe ont entre elles. *Paris, Est. Chardon*, 1694 ; in-12 réglé, mar. rouge, pièces d'armes sur le dos et aux angles, fil., tr. dor.   60 fr.

Aux armes de Jérôme **Phelypeaux**, Comte de Pontchartrain et de Maurepas, Secrétaire d'Etat.

3000. PLUTARQUE. Les vies des hommes illustres grecs et romains, comparées l'une avec l'autre. Translatées premièrement par **Jacques** Amyot, et depuis en ceste seconde édition revueüs et corrigées... En ceste édition sont mises les médailles d'iceux hommes illustres. *Paris, Jacques du Puy*, 1575 ; in-fol., veau fauve, chiffre sur le dos, semis de pièces d'armes sur les plats, tr. dor.   70 fr.

Édition ornée de portraits gravés sur bois.

Aux armes de Louis **Phelypeaux**, Comte de **Pontchartrain**, Chancelier de France.

3001. ALTESERRA (Antonio Dadino). Ecclesiasticæ juridictionis vendiciæ adversus Caroli Fevreti et aliorum tractatus de Abusu susceptæ. *Parisiis. Raymundum Mazières*, 1702 ; in-4, mar. rouge, dos orné, fil., tr. dor.   100 fr.

Reliure très fraiche aux armes de Louis **Phelypeaux**, Marquis de **La Vrillière**, Secrétaire d'Etat.

3002. ÉTAT GÉNÉRAL de l'Empire Ottoman, depuis sa fondation jusqu'à présent. Et l'abrégé des Vies des Empereurs. Par un solitaire Turc. Traduit par M. de la Croix. Avec une instruction et recueil des notes et noms Turcs très utiles aux Voyageurs. *A Paris, chez Pierre Herrissant*, 1695 ; 3 vol. in-12, mar. rouge, fil. sur le dos et les plats, tr. dor.   150 fr.

Frontispice gravé par *Mariette*.

Aux armes de Louis **Phelypeaux** Marquis de **La Vrillière**.

3003. NOGARET. Apologie de mon goût. Épitre en vers sur l'histoire naturelle (par Nogaret), *Paris, Couturier*, 1771 ; in-8, mar. rouge, dos orn., fil., tr. dor.   100 fr.

Bel exemplaire aux armes de Louis **Phelypeaux**, Comte de **Saint-Florentin**, Duc de La Vrillière.

3004. BACHER. Recherches sur les maladies chroniques, particulièrement sur les hydropisies et sur les moyens de les guérir. *Paris, Thiboust et Didot le jeune*, 1776 ; in-8, mar. rouge, pièces d'armes sur le dos et aux angles des plats, tr. dor.   200 fr.

Bel exemplaire aux armes de Jean-Frédéric **Phelypeaux**, Comte de **Maurepas**, Ministre d'Etat.

3005. TRAITÉ des prairies artificielles des enclos et de l'éducation des moutons de race angloise (Par de Mante). *A Paris, chez Hochereau,* 1778 ; in-4, fig., mar. rouge, dos orné, fil., ornem. aux angles, tr. dor.   200 fr.

Bel exemplaire aux armes de Jean-Frédéric **Phèlypeaux**, Comte de **Maurepas.**

3006. PARCIEUX (de). Traité des Annuités, ou des rentes à terme connu, avec plusieurs tables qui mettent à la portée de tout le monde le calcul des emprunts et les opérations de finance. Ouvrage présenté au Roi, le 8 juillet 1781, par M. de Parcieux. *A Paris, chez l'auteur,* 1783 ; in-4, mar. vert, dos orné, fil , dent. int., tr. dor. (*Derome*).   200 fr.

Bel exemplaire aux armes de Georges-Louis **Phelypeaux d'Herbault,** Archevêque de Bourges.

3007. BENGII et PINSONII. Tractatus de beneficiis ecclesiasticis exdiffinitione desu imptus, ad usum fori Gallici, et libertatum ecclesiæ Gallicanæ accomodatus. *Parisiis, A. de Sommaville,* 1654 ; in-fol., mar. rouge, dos orn , doubl. encad. de fil. à la Duseuil, tr. dor.   80 fr.

Aux armes du Louis du **Pré de Saint-Maur,** Conseiller au Parlement de Paris.

3008. HÉDELIN. Des Satyres, brutes, monstres et démons, de leur nature et adoration contre l'opinion de ceux qui ont estimé les satyres estre une espèce d'hommes distincts et separez des adamiques. *Paris, Nicolas Buon,* 1627 ; pet. in-8, veau fauve, dos orné, fil. 40 fr.

Aux armes de Paulin **Prondre de Guermante,** Président de la Chambre des Comptes.

3009. OVIDE BOUFFON (L'), ou les métamorphoses travesties en vers burlesques (par L. Richer). *Paris, Loyson,* 1662 ; in-12, mar. rouge, doubl. de tabis vert, dos orn., dent. tr. dor.   70 fr.

Aux armes de Paulin **Prondre de Guermante.**

3010. SPINOSA. Réflexions curieuses d'un esprit désintéressé sur les matières les plus importantes au salut, tant public que particulier (traduit du latin de Spinosa par de Saint Glain). *Cologne, Claude Emmanuel,* 1678 ; in-12, mar. rouge, large dent. à petits fers sur les plats, chiffre sur le dos, tr dor.   100 fr.

L'ouvrage est accompagé du second titre, sous lequel il a été aussi publié : *Traité des cérémonies superstitieuses des Juifs tant anciens que modernes. Amsterdam,* 1778.

Aux armes de Paulin **Prondre de Guermante.**

3011. LA FONTAINE. Œuvres diverses de M. de La Fontaine. Nouvelle édition. *Anvers, chez les frères Jacob et H. Sauvage,* 1726 ; 3 vol. in-4, mar. citron, dos orn., fil., dent. int., tr. dor.   300 fr.

Bel exemplaire de cette édition orné de 1 portrait gravé par *Duflos*, 3 fleurons par le même, 3 jolies vignettes et 3 belles lettres ornées, gravées par *Tardieu*.

Aux armes sur le dos de la reliure de Armand-Augustin **Raffin**, Marquis d'Hauterive.

Armes modernes sur les plats.

3012. ANGELONI (Francesco). La Historia Augusta da Guilio Cesare insino à Costantino il magno. Illustrata con la verita delle Antiche Medaglie da Francesco Angeloni. *In Roma, per Andrea Fei,* 1641 ; in-fol., mar. rouge, dos orn., comp. de fil. à la Duseuil, dent. int., tr. dor.   400 fr.

Bel exemplaire de la PREMIÈRE ÉDITION.

Aux armes de Armand-Jean du Plessis, Cardinal de **Richelieu,** sur le dos et les plats.

3013. ÉCOLE DE SALERNE. Schola Salernitana, hoc est de valetudine tuenda. opus nova methodo instructum, infinitis versibus auctum, commentariis Villanouani , Curionis , Crellii et Costansoni illustratum. Adjectae sunt animadversiones nouæ Renati Moreau, doctoris medici parisiensi. *Parisiis,* 1625 ; pet. in-8, mar. rouge, dos orné. compart. de de fil., tr. dor   250 fr.

Exemplaire de dédicace aux armes du Cardinal de **Richelieu,** sur le dos, aux angles et au centre des plats.

Quelques piqûres de vers à l'intérieur du volume.

Et de Livres anciens et modernes

3014. FABRINI (Giovanni). Il sacro regno del gran Patritio del vero reggimento, e de la vera felicita del Principe e beatitudine humana. *In Vinegia, per Comin de Trino di Monferrato, 1547* ; pet. in-4, veau brun estampé à froid, tr. dor. et ciselée (*Rel. du XVIe siècle*). 200 fr.

Très curieux volume orné d'un titre et de jolies lettres gravés sur bois. Le titre a été finement colorie anciennement.
Aux armes du Cardinal de **Richelieu** frappées postérieurement sur le dos et les plats.

3015. BEAUFORT (J. de). Le Trésor des Trésors de France, vollé à la Couronne, par les incogneües faussetez, artifices et supositions commises par les principaux officiers de finance, descouvert et présenté au roi Louys XIII, en l'assemblée de ses Etats Généraux. *S. l.*, 1615; pet. in-8, veau, dos orné. 60 fr.

Pièce fort vive contre les financiers du temps.
Aux premières armes de L.-F.-A. du Plessis de Wignerot, Duc de **Richelieu**, Maréchal de France.

3016. GRAND ET LOYAL DEVOIR (du), fidélité et obéissance de messieurs de Paris envers le Roy et la Couronne de France, adressée à messieurs Claude Guyot, seigneur de Charmeaux, conseiller du Roy et maistre ordinaire en sa Chambre des comptes à Paris et Prévost des Marchans, Jean le Sueur, bourgeois, marchant et conseiller de ville, Pierre Prévost esleu pour le Roy en l'élection de Paris, Jehan Sanguin, secrétaire du Roy et de la maison de France, et Jehan Merant aussi bourgeois et marchant, Eschevins de laditte ville de Paris (par Louis Régnier, sieur de la Planche). *S. l.*, 1565; pet. in-8, veau marbré, dos orné. 150 fr.

ÉDITION ORIGINALE TRÈS RARE. Légères mouillures.
Aux premières armes du Duc de **Richelieu**, Maréchal de France.

3017. LUSSE (De). Recueil de Romances historiques, tendres et burlesques, tant anciennes que modernes, avec les airs notés. Par M. D. L*** (Lusse). *S. l. (Paris)*, 1767-1774 ; 2 vol. in-8, veau. 10 fr.

Frontispice par *Eisen* gravé par *de Longueil*, et un fleuron sur le titre par *Eisen*.
Aux secondes armes du Duc de **Richelieu**, Maréchal de France, sur le dos de la reliure.

3018. MANIFESTE de la République confédérée de Pologne du 16 novembre 1769. Traduit du Polonois. *S. l. (Paris)*, 1770 ; in-4, mar. rouge, dos orné, fil., tr. dor. 200 fr.

Bel exemplaire aux armes d'Emm.-Armand du Plessis de Wignerot de **Richelieu**, Duc d'**Aiguillon**.

3019. SAGE. Effets de la foudre et des trombes, par B. G. Sage. *Paris, P. Didot*, 1821 ; in-8, mar. rouge, dent., dos orné, doublé de moire bleue, tr. dor. 75 fr.

Aux armes de A.-E.-S. de Wignerot, Duc de **Richelieu**, Ministre de Louis XVIII.

3020. MONDE (Le), son origine et son antiquité. Première partie. De l'âme et de son immortalité. Seconde partie. *Londres (Paris, Briasson)*, 1751 ; 2 tomes en un vol. in-12, veau fauve, dos orné. 35 fr.

Ouvrage rare qui fut condamné au feu par le Parlement. La préface en fut rédigée par l'abbé J.-B. le Mascrier, la première partie par J.-F. Bernard et la seconde par de J.-B. de Mirabaud.
Bel exemplaire portant sur le dos et aux angles des plats les pièces d'armes du Prince Charles de **Rohan-Soubise**.

3021. RECUEIL des Historiens des Gaules et de la France, par D.-Martin Bouquet, MM. de Wailly et Léopold Delisle. *Paris*, 1738-1865 ; 22 vol. in-fol., veau fauve, dos orn. 1.200 fr.

Exemplaire en GRAND PAPIER avec les pièces d'armes du Prince Charles de **Rohan-Soubise**, sur le dos de la reliure.

3022. SALLENGRE. Histoire de Pierre de Montmaur, professeur royal en langue grecque dans l'Université de Paris, par M. de Sallengre. *A La Haye*, 1715 ; 2 vol. in-12, veau fauve, dos ornés. 30 fr.

2 frontispices et 8 figures dessinés et gravés par *Bleyswick*.
Exemplaire avec les pièces d'armes du Prince Charles de **Rohan-Soubise**, sur le dos de la reliure.

3023. ZURLAUBEN ET DE LA BORDE. Tableaux topographiques, pittoresques, physiques, historiques, moraux, politiques, littéraires de la

Suisse (par J.-B. de La Borde et Zurlauben). *Paris, de l'imprimerie de Clousier*, 1780 ; in-fol., mar. rouge, dos orné, fil., tr. dor. 800 fr.

Volume d'Estampes seul, contenant 1 frontispice de *Moreau* gravé par *Née* et 217 planches de vues, portraits, médailles et cartes, dessinées par *Le Barbier, Châtelet, Bertaux, Pérignon*, etc., en très bonnes épreuves.

Exemplaire avec les pièces d'armes du Prince Charles de **Rohan-Soubise**, sur le dos de la reliure et aux angles des plats.

3024. COURS DE BELLES LETTRES distribué par exercices (par l'abbé Ch. Batteux). *A Paris, chez Desaint et Saillant*, 1747-1750 ; 4 vol. in-12, mar. rouge, dos orné, fil., tr. dor. 400 fr.

Aux armes de Louis-Constantin, dit le Cardinal de **Rohan**, Evêque et Prince de Strasbourg.

3025. DAVID. Nova et accurata éditio. Psalmorum Davidis, una cum paraphrasi Buchanani poetæ celeberrimi. *Parisiis, apud Cl. de Hanzy*, 1729 ; 2 vol. in-12, mar. rouge, dos orné, tr. dor. 100 fr.

Cette version est précédée d'une dédicace au Roi, signée de l'éditeur, l'abbé de Lestang. Cette dédicace en français est curieuse en ce qu'elle contient des considérations sur l'état politique de la France au moment de la publication du livre.

Aux armes de Louis-Constantin, dit le Cardinal de **Rohan**, Evêque et Prince de Strasbourg.

3026. TESTAMENT (Nouveau). Version du nouveau Testament selon la Vulgate, par le P. Amelote. Nouvelle édition, revue et corrigée. *Paris, Mazières et Garnier*, 1738 ; 2 vol. in-12, mar. citron, dos orné, fil., tr. dor. 250 fr.

Bel exemplaire aux armes de Louis-Constantin, dit le Cardinal de **Rohan**, Evêque et Prince de Strasbourg.

3027. MUSIQUE. Recueil des airs, preludes et ritournelles de violon des opéras de feu M. de Lully. *Escrit par Dupont à Paris*, 1694 ; in-fol., mar. rouge, dos orné, doubl. rangée de fil., tr. dor. 150 fr.

Manuscrit sur papier, avec musique notée, très bien calligraphié.

Belle reliure aux armes de Hilaire **Rouillé du Coudray**, conseiller d'Etat.

3028. L'HÔPITAL (Marquis de). Analyse des infiniments petits. *Paris, Moutard*, 1768 ; in-8, fig., mar. rouge, fil. et coins orn., dos orné, gardes de papier doré, tr. dor. 150 fr.

Orné de 8 planches se dépliant.

Aux armes de Gabriel de **Sartines**, Lieutenant-général de Police, dans un médaillon de feuilles et ruban.

3029. CÉSAR (J.). Julii Caesaris quæ extant Jos. Scaligeri *Lugduni Batavorum. Ex officina Elzeviriana*, 1635 ; pet. in-12, titre grav., mar. vert, dos orné, fil., dent. int., tr. dor. 100 fr.

Cette édition est l'une des plus jolies et des plus rares de la collection des Elseviers.

Au chiffre du Duc de **Saulx de Tavannes**, sur le dos de la reliure.

3030. TASSE. L'Aminte du Tasse. Pastorale, traduite de l'italien en vers français. *Paris, Claude Barbin*, 1666 ; in-12, veau. 20 fr.

Frontispices et figures de *Cossinus*.

Au chiffre du Duc de **Saulx de Tavannes**, sur le dos de la reliure.

3031. ARIOSTE. Opere di Messer Lodovico Ariosto nuovamente raccolte ; di scelte e vaghe Giunte ad esse spettanti in questa impressione adornati (con le annotazioni di più celebri autori che sopra esso hanno scritto, etc.). *Venezia, S. Orlandini*, 1730 (1731) ; 2 tomes reliés en un vol. in-fol., réglé, mar. rouge, dos orn., fil., tr. dor. 400 fr.

Jolie édition ornée d'un nombre considérable de figures gravées en taille-douce placées dans un joli encadrement.

Bel exemplaire aux armes de M. J. **Savalette de Buchelay**, Fermier général.

3032. RECUEIL D'OPÉRAS, in-4, mar. rouge, dos orn., fil., fleurons d'angles, doub. de tabis bleu, dent. int., tr. dor. 150 fr.

Ce recueil comprend : Pigmalion, 1751. — Le Devin du Village, 1753. — Les Festes grecques et romaines, 1753. — Castor et Pollux, 1754. — Platée, 1754. — Les Elémens, 1754. — Thésée, 1754. — Daphnis et Alcimadure, 1754. — Roland, 1755. — Canente, 1760.

Aux armes de **Segoing**.

3033. DAVITY. Le Monde ou la description générale de ses quatre parties, avec tous ses empires, royaumes, états et républiques, où sont deduits et traitez par ordre leurs noms, assiette, confins,

Et de Livres anciens et modernes

mœurs, richesses, forces, gouvernement et religions ; et la Généalogie des Empereurs, Roys et Princes souverains, lesquels y ont dominé jusques à nostre temps. Avec un discours universel, comprenant les considérations générales du monde céleste et terrestre, et un estat de tous les ordres, tant ecclésiastiqnes que militaires, et de toutes les hérésies anciennes et modernes. Composé par Pierre D'Avity, seigneur de Montmartin. *Paris, Claude Sonnius*, 1637 : 5 vol. in-fol., réglé mar. rouge, dos orn., double encad. de fil. à la Du Seuil, chiffres sur le dos et les plats, t. d. 1200 fr.

Rare ouvrage orné de cartes.

Bel exemplaire de dédicace aux armes de Pierre **Séguier**, Chancelier de France.

3034. HABERT (Isaac). De consensu Hierarchiæ et Monarchiæ adversus paræni icum Optati Galli schismatum fictoris libri sex. *Parisiis, Blaise*, 1640 ; pet. in-4, mar. rouge, dos orné, comp. de fil., tr. dor.   80 fr.

Ouvrage rare et recherché.

Aux armes de Pierre **Séguier**, Chancelier de France.

3035. ÉRASME. Des. Erasmi Rotherodami Paraphrasis in notum Testamentum, videlicet in quatuor Evangelia et Acta apostolorum. *Parisis. apud Galeotum a Prato*, 1540 ; 6 parties en 4 vol. in-16, mar. rouge, chiffre sur le dos, fil., tr. dor. (*Boyet*).   1.500 fr.

Charmante édition illustrée de délicates figures sur bois.

Très bel exemplaire dans une fraîche reliure aux armes de Dominique **Séguier**, Evêque de Meaux.

3036. BERTHOUD. Traité des Horloges marines, contenant la théorie, la construction, la main d'œuvre de ces machines, et la manière de les éprouver. par M. Ferdinand Berthoud. *Paris, Musier fils*, 1773 ; in-4, pl., mar. rouge, dos orné, fil., tr. dor.   100 fr.

Charmant en-tête de *Cochin*, vignette du titre et 27 planches gravées par *P.-P. Choffard*.

Bel exemplaire aux armes de l'abbé Joseph Marie **Terray**, Contrôleur général des Finances.

3137. **ALMANACH CURIEUX** et instructif pour l'Année 1758. Dédié et présenté à Monsieur Thiéry par son très humble et très obéissant serviteur et fils Thiéry. *Paris*, 1758 ; in-12, mar. vert, dos orné, dent., tr. dor.   800 fr.

Ce volume en son entier, texte, calligraphie, ornementation, est l'œuvre de Luc Vincent Thiéry de Sainte-Colombe.

Le texte comprend : un calendrier, diverses notions astronomiques et géologiques et quelques petites pièces de vers sur les saisons ; il est orné d'un certain nombre de dessins à la plume.

La reliure porte sur les plats les armes accolées de M. et M** **Thiéry de Sainte-Colombe**, père et mère de Luc Vincent Thiéry.

Luc Vincent Thiéry de Sainte-Colombe était l'arrière grand-père de M. Eugène Paillet ; il fut longtemps occupé sous Louis XV et Louis XVI dans les bureaux de la guerre. Il dessina des vues de villes et de monuments. Il s'occupa aussi de la publication de divers Guides à Paris. Dans sa vieillesse, il s'était retiré à Soissons, chez son gendre, le docteur J.-B. Paroisse.

3038. CHOIX de Petits Romans de différens genres : par M. L. M. D. P. (marquis de Paulmy). *Londres, et se trouve a Paris, chez Gattey*, 1789 : 2 vol. in-18, mar. rouge, dos ornés, fil., tr. dor.   70 fr.

Aux armes de Louis **Thiroux de Crosne.**

3039. ÆLIANUS. Æliani variæ historiæ libri XIV, Item, rerumpublicarum descriptiones ex Heraclide. Cum Latina interpretatione Just. Wlteij Wetterani, utriq, è regioni accomodata, et ad græcū exeme plar... *Apud Joan. Tornaeium typogr. Reg. Lugd.*, 1587 : in-16, mar. rouge, dos orn., fil., tr. dor.   125 fr.

Bel exemplaire aux premières armes de Jacques-Auguste de **Thou.**

3040. CÉSAR (Jules). C. Julii Cæsarii, rerum Gestarum Commentarii XIV. Omnia collatis antiquis manuscriptis exemplaribus, quæ passim in Italia, Gallia et Germania inuenire potuimus doctè accuratè et emendatè restituta prout proxima pagina indicatur. *Francofurti ad Mænium*, 1575 ; in-fol., mar. rouge, fil., tr. dor.   175 fr.

Aux premières armes de J.-A. de **Thou.**

Achat de Bibliothèques

3041. CLENARDUS. Nic. Clenardi epistolarum libri duo quorum posterior
iam primum in lucem prodit. *Antuerpiae, ex officina Christophori
Plantini,* 1566 ; 2 part. en 1 vol.
in-8, vélin ivoire, dos orné, fil., tr.
dor. (*Reliure du XVIe siècle*). 150 fr.

Bel exemplaire dans sa reliure primitive
en vélin blanc aux premières armes de
J.-A. de **Thou.**

3042. CORPUS JURIS canonici eman-
datum et notis illustratum Gregorii
XIII Pont. Max. iussu editum. Nunc
indicibus novice et appendice P.
Lanceloti Perusini adauctum. *Parisiis,* 1587 ; in-fol., fig. sur bois, mar.
rouge, fil., dos orné, tr. dor. 100 fr.

Bel exemplaire aux premières armes de
J.-A. de **Thou.**

3043. EPICTETI Enchiridion, hoc est,
Pugio sive, Ars humanæ vitæ cor-
rectrix. Item Cebetis Thebani Tabula, qua vitæ humanæ prudenter
institutendæ continetur : græce et
latine. *Antverpiæ, Christ Plantini,*
1578; 87 pp. — Naphsi Phileieloai,
autoris græci, Παραγγέλματα a Ja-
cobo Blanchono latinè facta, et
commentarijs explicata. *Lugduni,
apud. Joan. Tornæsium,* 1553 ;
62 pp. plus 1 f. n. ch. —Ens. 2 ouvrages en 1 vol. in-16, mar. olive,
dos orné, fil., tr. dor.   150 fr.

Édition peu commune et non citée par
Brunet, du *Manuel* d'Epictète. — Le second ouvrage, très rare, renferme le texte
grec des maximes ou préceptes de Scythen, roi de Thèbes, avec la version latine
et un commentaire de Jacques Blanchon.
Dans une épitre placée en tête de l'ouvrage ce dernier nous apprend qu'il a tiré
ces maximes de l'histoire de Scythen écrite
en grec par Naphsus Phileloüs et imprimée
à Venise, d'après un manuscrit du Vatican.
Aux premières armes de J.-A. de **Thou.**

3044. ETYMOLOGICON Magnum ; seu
magnum grammaticæ penu : In
quo et originum et analogiæ doc-
trina ex veterum sentencia copiosis-
sime proponitur ; Historiæ item et
antiquitatis monumenta passim at-
tingintur : superiorum editionum
variorumq auctorum collatione a
multis ac fedis mendis repurga-
tum, perpetuis nostis illustratum,
tribusq utilisimis Indicibus, ver-
borum, Rerum, atq auctorum nu-
mero pene infinitorum, nunc reuns
adauctum opera Friderici Sylbur-
gii Veter. *E. Typographeio Hiero-*
nymi Commelini, 1595 ; in-folio,
mar. citron, dos orné, tr. dor. 75 fr.

Bonne édition peu commune.
Aux premières armes de J.-A. de **Thou.**

3045. FABER (Petrus). Pitri Fabri,
consiliarii regii, libellorum ex-ma-
gistri, et in senatu Tolosano prœsidis,
ad tit, de divertis regulis iuris an-
tiqui, ex libro Pandectarum Imperatoris Justiniani quinquagesimo
Commentarius : ex repetita eiusdem
auctoris prælectione plurimis in
locis auctus et accuratè illustratus.
Cum indicibus copiosissimis. *Parisiis, Duvallium,* 1585; in-fol., mar.
citron, dos orné, fil., tr. dor. 120 fr.

Aux premières armes de J.-A. de **Thou.**

3046. NANNIUS (P). In Cantica Can-
ticorum Paraphrases et Scholia.
Lovanii, Steph. Gualtheri, 1554 ;
in-4, vélin blanc.   100 fr.

Bel exemplaire aux premières armes de
J.-A. de **Thou.**

3047. PLACIDI Parmensis examini ac
eruditissimi theologi, in omnes
Davidis regis Psalmos succincta ac
nova commentaria. *Basileæ,* 1569,
per Petrum Pernam ; in-4, mar.
citron, dos orné, fil.   85 fr.

Aux premières armes de J.-A. de **Thou.**

3048. GIOVANNI. Il Pecorone di ser
Giovanni Fiorentino. Nel quale si
contengono quarant'otto novelle antiche, belle d'inventione et distile.
In Trevigi, Dehuchino, 1601. —
Diporto de viandanti nel quale si
leggono facetie, motti et burle,
raccolta da diversi, et gravi auttori,
et accresciuto di molt'altre, da
Christoforo Zabata, nuovamente
restampate, et ricorrette. *Trivigi,
F. Zanelti,* 1600. — Ens. 2 ouvrages
en un vol. in-12, mar. olive, dos
orn.   250 fr.

Aux armes de J.-A. de **Thou** et de
sa première femme **Marie Barban-
çon.**

3049. GODEFROY. Le cérémonial françois, contenant les cérémonies
observées en France aux sacres et
couronnements de roys et reynes...
Paris, Cramoisy, 1649 ; 2 vol. in-
fol., veau brun, dos orn.   100 fr.

Aux armes de J.-A. de **Thou**, et de
sa première femme.

Et de Livres anciens et modernes

3050. Gretserus (Jacobus), s. j. De modo agendi Jesuitarum cum pontificibus, prælatis principibus, populo juventute et inter se mutuo. *Ingolstadii, ex typographia Adami Sartorii*, 1600 ; in-4, mar. olive, dos orné. 100 fr.

Aux armes de J.-A. de **Thou**, et de sa première femme.

3051. Macarius. Sancti patris Macarii, eremitæ Ægyptii, homiliæ spirituales quinquaginta. Egræco in latinum sermonem conversæ a M. Zacharia Paltenio Fridbergensi. *Francofurti, apud. Joan. Wecheli viduam*, 1594 ; in-8, mar. olive, dos orné. 80 fr.

Aux armes de J.-A. de **Thou** et de sa première femme.

3052. Synodus parisiensis de imaginibus. Anno Christi 824. — Synodus ecclesiæ gallicanæ habita duro cortori remor suh Hugone A. et Roberto Francor. reg. *Francofurti, apud heredes Andreæ Wecheli, Claudium Marnium, et Ionnem Aubrium*, 1596-1600 ; pet. in-8, mar. olive. 100 fr.

Aux armes de J.-A. de **Thou** et de sa première femme.

3053. Varchi (Benedetto). L'Hercolano, dialogo nel quale si ragiona generalemente delle lingue ed in particolare della Toscana et della Fiorentina. *Venetia, F. Giunti*, 1570 ; Castelverto (Lodovico). Corretione d'alcune cose dialogo delle lingue di B. Varchi. *Basileæ*, 1572 ; ens. 2 ouv. en 1 vol. in-4, mar. olive, dos orn., tr. dor. 100 fr.

Aux armes de J.-A. de **Thou** et de sa première femme.

3054. Brancaccio (Lellio). J. Carichi militari di fra' Lelio Brancaccio. *In Anversa apresso Joachimo Trognesio*, 1610 ; in 4, mar. vert, dos orné, fil., tr. dor. 300 fr.

Première édition illustrée d'un titre et de 5 belles planches gravés en taille-douce.

Aux armes de J.-A. de **Thou** et de sa seconde femme **Gasparde de La Châtre.**

3055. Du Bartas. La Divina settimana, cioè i sette giorni della crèatione del mondo, del signor Guglielmo di Salusto di Bartas. Tradotta di rima francese in verso sciolto italiano, dal Sr Ferrâte Guisone: *In Venetia, presso, G. B. Ciotti*, 1601 ; pet. in-12, front. et fig. grav., mar. olive, dos orné. 120 fr.

Aux armes de J.-A. de **Thou** et de sa seconde femme.

3056. Exegesis historica, non minus æquas quam graves commemorans causas quibus amplissimi ordines regni Succiæ provocati Sigismundum tertium regem Poloniæ eiusque progeniem.... Suecano exuerunt diademate. *Stokholmiæ, ex Molybdographia Gutterviciana*, 1615 ; in-4, veau fauve. 200 fr.

Aux armes de J.-A. de **Thou** et de sa seconde femme.

3057. Frachetta. Il prencipe di Girolamo Frachetta. Nel quale si considera il Prencipe, et quanto algouarno dello Stato, et quanto al maneggio della Guerra. *Venetia, G.-B. Ciotti*, 1699 ; in-12, mar. vert, dos orn. 80 fr.

Aux armes de J.-A. de **Thou** et de sa seconde femme.

3058. Justin. Sancti Justini, philosophi et martyris opera. Græcus textus multis in locis correctus ; et latina Joannis Langi, versio passim emmandata : um varians lectio, emmandationum coniecturiæ, et tres indices seorsim infine additi. Ab initio proemissa veterum de Justino elogia, ordinis et censuræ ratio.. *Lutetiæ Parisiorum, Sebastiani Cran. oisy*, 1615 ; in-fol., mar. rouge, dos orn., fil., tr. dor. 200 fr.

Aux armes de J.-A. de **Thou** et de sa seconde femme.

3059. La Chambre. Les Charactères des Passions. Par le Sr de La Chambre. *Paris, P. Rocolet*, 1640 ; in-4, front., veau fauve, dos orné. 120 fr.

Aux armes de J.-A. de **Thou** et de sa seconde femme.

3060. Léon (Saint). S. S. P. P. Leonis, magni maximi Taurinensis episcopi, et Petri Chrisologi, Ravennatis episcopi, Opera omnia quæ reperiri potuerunt, cum indicibus novis. *Parisiis, Séb. Cramoisy,* 1614 ; in-fol., mar. vert, tr. dor. 125 fr.

Aux armes de J.-A. de **Thou** et de sa seconde femme.

3061. ORSATO. Monumenta Patavina, sertorii Ursati, studio. *Patavii, Paulum Franbottum,* 1652 ; pet. in-fol., veau fauve, dos orn. 50 fr.

Aux armes de J.-A. de **Thou** et de sa seconde femme.

3062. SCIPIONI. Asumirato Opusculi. *Fiorenza Amadore Massi, e Lorenzo Landi,* 1640 ; 2 vol. in-4, titre grav., veau fauve, fil. à froid, dos orn. 120 fr.

Aux armes de J.-A. de **Thou** et de sa seconde femme.

3063. ESSAI sur les intérêts du Commerce maritime par M. D*** (O'Heguerty, comte de Magnières). *La Haye,* 1754 ; in-12, mar. rouge, dos orné, fil., tr. dor. 70 fr.

Aux armes de Daniel-Charles **Trudaine de Montigny,** Conseiller d'Etat.

3064. VALÈRE LE GRAND. (A la fin :) Icy fine le quart livre de Valere le Grand. *S. l. n. d. (Paris, Antoine Vérard),* 1500 ; in-fol. goth. de 180 ff. à 2 col., fig. sur bois, lettres ornées, mar. rouge, dos orné, fil., tr. dor. (*Derome*). 3.500 fr.

Bel exemplaire, imprimé sur PEAU DE VÉLIN, de cette précieuse édition ornée de quatre grandes belles figures sur bois, miniaturées en or et en couleur. Les feuilles contenant ces figures sont enrichis de bordures de fleurs peintes en couleur et de belles lettres ornées.
Ce volume a appartenu à **Claude d'Urfé,** gouverneur des enfants de Henri II, dont les armoiries, *de vair, au chef des gueules,* se voient dans la bordure qui encadre la première figure.

3065. LIVIUS. Titi Livii Romanae Historiae qui exstant quinqui et triginta libri... *Lugduni, Th. Soubron,* 1621 ; in-4, mar. fauve, semis de chiffre sur le dos et les plats, dent., tr. dor. 300 fr.

Aux armes de Félix **Vialart,** Evèque et Comte de Châlons.
Les plats et le dos de la reliure sont semés de son chiffre formé des lettres F. V. E. C. enlacées.

3066. VARRO (M. T.). M. Terentii Varronis opera quæ supersunt. In lib. de Rust. Notæ ejusdem... Editio Tertia, recognita et aucta. *S. l. (Genevæ, H. Stephanus),* 1581 ; 5 parties en un vol. in 8, réglé, mar. olive, compart., tr. dor. (*Rel. du XVIe siècle*). 600 fr.

Riche reliure toute parsemée de fleurs (marguerites) et de feuillages.
Aux armes de **Nicolas de Villars,** Evèque d'Agen.
Ce livre a appartenu au savant médecin René Moreau, professeur de médecine et de chirurgie au Collège de France, né à Montreuil-Bellay, en Anjou, en 1587. Il a mis son nom sur le titre et écrit une note en latin sur un des feuillets de garde, de laquelle il semble résulter que ce livre lui a été donné en prix au collège des jésuites d'Agen par l'évêque Nic. de Villars.
R. Moreau est auteur de plusieurs ouvrages de médecine très estimés dans son temps. « Sa bibliothèque, dit le P. Jacob (*Traité des plus belles bibliothèques*), très accompli en fait de livres de médecine et de philosophie, ne lui a pas acquis une moins grande réputation que sa doctrine ».
On a relié à la fin : Ad M. Ter. Varronis assertiones analogiæ sermonis latini, appendix Henrici Stephani item Julii Caes Scaligeri... Henricus Stephanus, 1591.)

3067. DU BOS (L'Abbé). Réflexions critiques sur la poésie et sur la peinture. *Paris, Pissot,* 1755 ; 3 vol. in-12, mar. rouge, dos orné, fil., tr. dor. 250 fr.

Ouvrage estimé.
Bel exemplaire aux armes, de Charles, Marquis de **Villette,** sur le dos de la reliure.

3068. JACQUIN. Conférences de l'Ordonnance de Louis XIV, roi de France et de Navarre, sur le fait des entrées, Aydes et autres droits, pour le ressort de la cour des Aydes de Paris, par M. Jacques Jacquin. *A Paris, chez Nic. Pepie,* 1703 ; in-4, mar. rouge, dos orné, fil., tr. dor. 100 fr.

Aux armes de Marc-René de **Voyer de Paulmy,** Marquis d'Argenson.

3069. CRÉBILLON (Jolyot de). Le Triumvirat ou la mort de Cicéron, tragédie. *Paris, Hochereau,* 1755 ; in-12, mar. rouge, dos orné, fil., tr. dor. 75 fr.

Aux armes de Antoine-René **Voyer d'Argenson,** Marquis de Paulmy.

Et de Livres anciens et modernes

VILLES DE FRANCE

3070. SAINTE-MARIE (le R. P. Honoré de). Dissertations historiques et critiques sur la chevalerie ancienne et moderne séculière et régulière. *Paris*, 1718; in-4, veau gris. 20 fr.

Nombreuses figures.

Bel exemplaire aux armes de la **Ville de Lyon**.

3071. RUFFI (Antoine de). Histoire de la ville de Marseille, contenant tout ce qui s'y est passé de plus mémorable depuis sa fondation, durant le temps qu'elle a été République et sous la domination des Romains, Bourguignons, Visigots, Ostrogots, Rois de Bourgogne, Vicomte de Marseille, Comtes de Provence et de nos Rois très chretiens. Recueillie de plusieurs auteurs, et des titres tirés des archives de l'Hôtel de Ville, du Chapitre. Abaïes et Maisons religieuses de Marseille et de divers lieux de la Provence, par feu Antoine Ruffi, Seconde édition reveuë, corrigée, augmentée et enrichie de quantité d'inscriptions, sceaux, monnoïes, tombeaux et autres pièces d'antiquité par le dit Ruffi et par Louis-Antoine Ruffi. *Marseille, Henri Martel*, 1696; 2 tomes en 1 vol. in-fol., mar. roug., dos orn., fil., fleurs de lys aux angles, tr. dor. 20 fr.

Ouvrage recherché et peu commun.

Exemplaire en GRAND PAPIER aux armes de la **Ville de Marseille** sur le dos de la reliure.

3072. CHEVILLARD. Réunion de différentes cartes ou tableaux des charges et dignités de la ville de Paris, en un vol. in-fol. mar. rouge, dos orn. et fleurdelisé, très large dent., fleurs de lys aux angles, tr. dor. 1 000 fr.

Admirable reliure aux armes de la **Ville de Paris**, ornée de la *dentelle dite du Louvre*.

Ce recueil comprend les tableaux suivants, en COLORIS ANCIEN, quelques-uns ont été découpés pour convenir au format du volume.

1° Noms, qualitez et armes des gouverneurs, capitaines et lieutenans généraux de la ville, prevôté et vicomte de Paris (1345-1712), dédié et présente au duc de Gesvres. Quatre tableaux.

2° Chronologie des Prévost des Marchands, Echevins, Procureurs du roy, Greffiers et Receveurs de la ville de Paris (1268-1734). Une carte découpée et collée sur 34 feuillets. On y a joint les armes de la Prévôté de Turgot, dessinées et coloriées, avec inscription à la plume.

3° Procureurs du roy, Greffiers et Receveurs de la Ville de Paris (1500-1722). Un tableau disposé sur 2 feuilles.

4° Les noms, qualitez, armes et blasons de Messieurs les Cons (Conseillers) de la Ville de Paris comme ils étaient en 1500, et leur succession chronologiques jusqu'à présent (1728). Une carte disposée sur 21 feuilles. On y a joint la suite ju-qu'a janvier 1730. 2 blasons dessinés et coloriés.

5° [Quartiniers de la Ville de Paris] (1500-1733). Une carte disposée sur 14 feuillets.

Chaque partie est accompagnée d'un titre manuscrit. On a ajouté à la fin une table, manuscrite, alphabétique des noms. Un grand nombre de feuilles blanches ont été placées pour recevoir les additions.

3073. MARIETTE. Description des travaux qui ont précédé, accompagne et suivi la fonte en bronze d'un seul jet de la statue équestre de Louis XV. *Paris, impr. G. Le Mercier*, 1708; gr. in-fol., pl., veau marbr. 60 fr.

Aux armes de la **Ville de Paris**.

3074. PERELLE. Vues des belles maisons de France (gravées par les Perelle). *Paris, Langlois, s. d.*; pet. in-fol. obl., veau (*Rel. fatiguée*). 500 fr.

Important recueil contenant principalement des vues de Paris et de ses environs, comprenant 234 planches; elles sont ainsi divisées : *Paris*, 67 pl — *Versailles*, 44 pl. — *Marly*, 2 pl. — *Saint-Germain-en-Laye*, 4 pl. — *Fontainebleau*, 11 pl. — *Vincennes*, 2 pl. — *Saint-Cloud*, 12 pl. — *Chantilly*, 28 pl. — *Maisons et châteaux divers des environs de Paris*, 47 pl. — *Vue de Rome et des environs*, 17 pl.

Un grand nombre de planches sont courtes de marges et remontées ; une est déchirée ; quelques-unes portent asignature de J. Marot.

Aux armes du **Couvent de Sainte-Madeleine à Rouen**.

3075. LA FAILLE (de). Traité de la noblesse des capitouls de Toulouse, avec des additions et remarques de l'auteur sur ce traité, 4e édition. *Toulouse, J.-F. Forest, s. d.*; in-4, mar. vert, dos orn., fil., fleurs de lys aux angles, tr. dor. 150 fr.

Aux armes de la **Ville de Toulouse**.

Nouvelles Acquisitions

3076. ANSON (George). Voyage autour du monde, fait dans les années 1740 à 1744, par George Anson, .mmandant une escadre envoyée par S. M. Britannique dans la mer ⁺u Sud. Tiré des journaux et autres .piers de ce seigneur et publié par Richard Walter. Traduit de l'anglais (par Elie de Joncourt). Nouvelle édition. *Amsterdam et Leipzig, Arkstée et Merkus*, 1751; in-4, veau fauve, dos orn., fil. (*Rel. anc.*).   60 fr.

Ouvrage orné d'une vignette, sur le titre, non signée, de 3 vignettes en-têtes de *Cochin, Philipps* et *Schenck*, et une vignette en-tête non signée, de 14 cartes et de 20 planches donnant 34 vues ; on a relié à la suite : Voyage à la Mer du Sud, fait par quelques officiers commandant le vaisseau le Wager. Traduit de l'anglais. *Amsterdam*, 1763.

3077. ARETIN. La Bibliothèque d'Aretin, contenant les pièces marquées à la table... *A Cologne, chez Pierre Marteau*, s. d. (vers 1680); in-12, de 2 ff. lim. et 402 pp., mar. rouge, dos orn., fil., dent. int., tr. dor. (*Bedford*).   1,000 fr.

Bel exemplaire (*témoins*) d'un volume de toute rareté ; il contient entre autres pièces *l'École des Filles* ; la *P. errante*, de P. Aretin, *Marthe Le Hayer ou Mademoiselle de Scay*, par P. Corneille Blessebois.

3078. ALMANACH. Les Roses du Vaudeville. *Paris, Le Fuel*, s. d. (1819) ; in-12, mar. rouge, dos orn., fil., tr. dor. (*De Sauty*).

Contient : le Mariage de Scarron ; le Petit Courrier ; Le Mariage Extravagant ; Les Deux Gaspard ; Les Gardes Marines ; Le Pauvre Diable ; Le Tambour et la Vivandière ; La Volière du frère Philippe ; Encore une folie ; Les deux Valentin. etc.

Chacune des pièces ci-dessus est ornée d'une jolie figure en couleur, ensemble 1 front. et 10 figures.

A la fin se trouve un calendrier de 1819, gravé par *Lejeune*.

3079. BEAUCHAMPS (de). Recherches sur les théâtres de France, depuis l'année onze cens soixante-un, jusqu'à présent. *Paris, Prault*, 1735; in-4, veau marbr., dos orn. (*Rel. anc.*).   40 fr.

Cet ouvrage tout en étant une biographie des auteurs, donne la bibliographie des pièces de théâtre, et aussi à l'occasion de quels évènements ou fêtes historiques elles ont été jouées.

Contient une intéressante table alphabétique des auteurs et des pièces.

Orné d'une vignette da *Boucher*, sur le titre, grav. par *Lepicié*, 3 vignettes en tête de *Blondel*, grav. par *Joullain*, et 3 jolies lettres gravées.

3080. ISOCRATE. Pensées morales d'Isocrate, extraites de ses œuvres, et traduites par l'abbé Auger. *Paris, Didot l'aîné*, 1782 ; in-18, mar. vert, dos orn., large dent., dent. int., tr. dor. (*Rel. anc.*).   50 fr.

De la Collection des moralistes anciens. Jolie reliure.

3081. LA TAILLE. La Géomance abrégée de Jean de La Taille de Bondaroy, pour sçavoir les choses passées. présentes et futures. Ensemble le Blason des pierres précieuses, contenant leurs vertus et proprietez. *Paris, Lucas Breyer*, 1574 ; 2 parties en 1 vol. pet. in-4, titres avec encadrements, portrait gr. sur bois, lettres ornées, mar. vert, dos orné, milieu doré, dent. int., tr. dor. (*Trautz-Bauzonnet*).   150 fr.

Ouvrage très curieux. — Le *Blason des pierres précieuses* est un recueil de prose et de vers, dans lequel on trouve le *Blason de la Marguerite*, dédié à Marguerite de France, reine de Navarre, le *Blason de l'Aymant*, diverses *Épigrammes* et *Estreinnes*, etc.

Exemplaire de SOLAR. — Le premier titre est remonté ; très léger raccommodage en marge de deux ou trois ff.

3082. LEVESQUE. Pensées morales de divers auteurs Chinois, recueillies et traduites du latin et du russe par M. Levesque. *Paris, Didot l'aîné*, 1782 ; in-12, mar. vert, dos orn., large dent., dent. int., tr. dor. (*Rel. anc.*).   50 fr.

De la Collection des moralistes anciens. Jolie reliure.

3083. LONGUS. Les Amours pastorales de Daphnis et Chloé (par Longus, traduction d'Amyot). *S. l. (Paris, Quillau)*, 1718 ; pet. in-8, front. et fig., mar. vert, dos orné, fil., fleurons d'angles, dent. int., tr. dor. (*Trautz Bauzonnet*).   600 fr.

Jolie édition dite du *Régent* tirée à 250 exemplaires seulement. Elle est ornée d'un frontispice par *Coypel*, de 28 figures dessinées par *Philippe d'Orléans*, 1 fig. par le C⁺ de Caylus connue sous le nom des *Petits Pieds*. et 1 vignette de *Scotin*. BEL EXEMPLAIRE.

Et de Livres anciens et modernes

3084. MARGUERITE DE VALOIS. Contes et nouvelles de Marguerite de Valois, reine de Navarre ; mis en beau langage, accommodé au goût de ce temps, et enrichis de figures en taille-douce. *A Amsterdam, chez G. Gallet,* 1698 ; 2 vol. pet. in-8, fig., mar. rouge, dos or., fil., fleurons d'angles, tr. dor. (*Rel. anc.*). 1.000 fr.

Très bel exemplaire de la PREMIÈRE ÉDITION, ornée des figures de *Romain de Hooghe.*

Très rare à rencontrer en pareille condition.

3085. PIRON. Œuvres complettes d'Alexis Piron ; publiées par M. Rigoley de Juvigny. *Paris, Lambert,* 1776, 7 vol. — Poésies diverses, ou recueil de différentes pièces de cet auteur, pour servir de suite à toutes les éditions desquelles on a supprimé les ouvrages libres de ce poète. *S. l.,* 1793. Ensemble 8 vol. in-8, veau marb, dos orn. (*Rel. anc*). 100 fr.

Bel exemplaire.

3083. PLUTARQUE. Pensées morales. Recueillies et traduites par Ch. Levesque. *Paris, P. Didot l'aîné,* 1794; 2 vol. in-18, mar. vert, dos orn., lardent., dent. int. tr. dor. (*Rel. anc.*). 100 fr.

De la Collection des moralistes anciens. Jolie reliure.

3084. RESTIF DE LA BRETONNE. [La Paysanne pervertie] Les dangers de la Ville ou Histoire effrayante et morale d'Ursule, dite la Paysanne pervertie. Mise nouvellement au jour d'après les véritables lettres des personnages, fournies par Pierre R. frère aîné d'Ursule et d'Edmond. *La Haie et Paris,* 1784; 8 parties en 4 vol. in-12, mar. rouge, dos orn., fil., doubl. et gard moire rouge, dent. int., tête dor. non rogné. (*Taffin.*) 250 fr.

Roman orné de 38 figures de Lud., grav. par *Berthet, Giraud, Lejeune* et *Leroy.*

Très bel exemplaire, non rogné.

On y a joint la « *Revue des ouvrages de l'auteur* », 76 pp., le « *Catalogue* », 12 pp., et l'*Avis des Libraires.*

3085. SONNERAT. Voyage aux Indes Orientales et à la Chine, depuis 1774 jusqu'en 1781, Dans lequel on traite des mœurs, de la religion, des sciences et des arts indiens, des Chinois, des Pigouins et des Médégasses ; suivi d'observations sur le Cap de Bonne-Espérance, les Isles de France et de Bourbon, les Maldives, Ceylan, Malacca, les Philippines et les Moluques et de recherches sur l'histoire naturelle de ces pays. *Paris,* 1782, 2 vol. -Voyage à la Nouvelle Guinée. *Paris-Ruault,* 1776. Ensemble 3 vol. in-4, veau fauve, dos orn., petite dent. (*Rel. anc.*). 80 fr.

Le premier ouvrage contient 140 planches gravées, histoire naturelle, scènes de mœurs, etc. — Le second contient 1 frontispice et 119 planches.

Le Propriétaire-Gérant : TH. BELIN.

ANDRÉ MARTY

L'HISTOIRE

DE

NOTRE-DAME DE PARIS

d'après les estampes, dessins, miniatures, tableaux

exécutés aux XV°, XVI°, XVII°, XVIII° et XIX° siècles

Par *Aveline, Bérain, Blondel, Bollery, Bosse, Jacques Cellier, C.-N. Cochin, Corot, Courvoisier, Gros, Isabey, Jaime, Jollain, Le Clère, Lemercier, Marot, Méryon, Moncornet, Percier et Fontaine, Pérelle, Picart, Prieur, Raffet, Sergent-Marceau, Israël Silvestre Testard et Roger, Vierge, Viollet-Leduc, etc.*

Fac-similés des originaux accompagnés d'un résumé chronologique et d'une bibliographie.

PRIX : **250 fr.**

Châteaudun. — Imprimerie de la Société Typographique *(Téléphone).*